Schwimm, Kind, Amerika ist weit

Für meine Mutter

© 2013 Misha Kronenberg
Herstellung und Verlag:
BoD - Books on Demand, Norderstedt
ISBN 978-3-8482-5874-1

Inhaltsverzeichnis

Die Mitwirkenden:

Die Hauptdarsteller:

Zu 1: Mamamaus,
Alias Lena Bärwald, geb. König, geb. 17.08.1950

Zu 2: Das Familienoberhaupt,
alias Heinrich II. Bärwald, vor allem Soldat, geb. 05.05.1945, Ehemann von Mamamaus

zu 3: die Erzählerin,
alias Anita Bärwald, geb. 27.07.1971, erstgeborene Tochter von 1 und 2

Die wichtigen Nebendarsteller:

1.) Eltern von Mamamaus
Ernst August König, der Kommissar, geb. 24.10.1915 und Ingrid König, geb. Mayer, geb. 16.06.1916

2.) Eltern des Familienoberhauptes
Heinrich I. Bärwald (West-Opi), Maurer, geb. 21.02.1912 und Apriliane Bärwald, geb. Herdecke, geb. 19.02.1912

3.) Thorsten Bärwald, „der kleine Soldat", Sohn der Hauptdarsteller zu 1 und 2 sowie Bruder der Hauptdarstellerin zu 3, geb. 16.04.1977, Polizist wie Opa König

4.) Familie Schaufelke, schmarotzende Mitbewohner

Die nachrangigen Nebendarsteller:

Nachbarn, Freunde, bucklige Verwandtschaft, Bekannte

1 Mamamaus & das Familienoberhaupt:
Wie alles begann

Das Familienoberhaupt wurde in der Nachkriegszeit im kapitalistischen Feindesland geboren. Doch damit nicht genug: Kaum hatte er die dörfliche Volksschule hinter sich gebracht, sich durch die von seinen Eltern erzwungene Lehre am Bau gequält, stellte er sich nach dem Motto „haste-nix-kannste-nix-und-willst-dennoch-was-werden-gehste-am-besten-zum-Bund" voller Ehrgeiz und Hoffnung in den Dienst postfaschistischen Westmilitärs. Da unser sparsames Familienoberhaupt, damals ein zorniger junger Mann, von frühester Dienstzeit an nicht müde wurde, seinen verhaßten Vorgesetzten in großer Regelmäßigkeit zu erklären, sie könnten noch so lange Offizier sein und sich dennoch nie so einen schicken Daimler leisten wie er, waren seine Möglichkeiten zur Laufbahnentwicklung vom ersten Tage an begrenzt. Da des Familienoberhauptes Ehrgeiz sich mit besagtem schicken Daimler allein jedoch nicht recht befriedigen ließ, tat er in der Waffenkammer alternative Geldquellen auf und legte damit den Grundstock seiner Karriere: Er verkaufte Lebensversicherungen an seine Kameraden – und versicherte damit Berufsfallschirm-springer gegen das Ableben...
In der mündlich tradierten, sagenumwobenen Zeit der goldenen Vollbeschäftigung gelangte das Familienoberhaupt selbst angesichts dieser ungewöhnlichen Geschäftsführung zu einer beachtlichen Laufbahn in der Branche.

Zwei Jahre nachdem das Familienoberhaupt im ländlichen Nachkriegserzbistum Paderborn dem ehemaligen Obergefreiten und heutigen Dachdecker und seiner Frau, einer gelernten Bürokauffrau geboren worden war, schickte sich am Stadtrand von Wolfsburg das Lenchen an, auf die Welt gebracht werden zu wollen. Der stolze Vater, angehender Kommissar und seine junge Frau, Tochter aus gutbürgerlichem, wohlhabendem Hause, freuten sich auf ihr zweites Kind.

Als der Kommissar der Geburt seiner zweiten Tochter beiwohnte, ahnte er noch nichts von den dunklen Schatten, die sich später über sein bürgerliches Dasein werfen würden: Die spätere Mamamaus, vom Kommissar liebevoll „Stummel" genannt, entschied sich in einer Nacht auf die Welt zu kommen als der zur Hausgeburt gebetene Arzt gerade kräftig einen über den Durst getrunken hatte und wirklich gänzlich im Tee war. Der Kommissar wurde zu Ersatzdiensten herangezogen und von Mamamaus vom ersten Tag an darauf geeicht, daß sie ihren eigenen Willen hatte und basta. In den folgenden Jahren und Jahrzehnten muss Mamamaus sich sehr oft gefragt haben, welchen Teil von „basta" er damals nicht verstanden hatte.

Der Kommissar wußte selbstverständlich ganz genau, was das Beste für das Stummelchen war und setzte das auch konsequent um. Von Beruf Polizist, hatte er die üblichen Möglichkeiten von Staats wegen: Als Mamamaus flügge wurde und gelegentlich ausgehen wollte, wurde sie zum Polizeiball gefahren und von dort auch wieder abgeholt – mit dem Peterwagen.

Getanzt wurde mit handverlesenen Polizeianwärtern, und zwar unter den wachenden Argusaugen älterer Kollegen. So traumatisiert vergötterte Mamamaus den Kommissar dennoch so sehr, daß sie in seine Fußstapfen treten wollte. Da das kapitalistische Ausland Frauen jedoch bis in die neunziger Jahre hinein bekanntlich diskriminiert hat, konnte sie lediglich Politesse werden und hatte mit dem Einstieg in den Beruf auch schon den maximalen Dienstgrad erreicht. Schließlich hatte Mamamaus das Näschen gestrichen voll von ihrem goldenen Käfig und begann sich heimlich nach einem Rebell zu sehnen, dem sich das behütete Mädchen leidenschaftlich an den Hals werfen konnte, um sich, wie zur Zeit unter westlichen Debütantinnen weit verbreitet, von einer Abhängigkeit in die nächste zu begeben. Schließlich heiratete man zum Zeitpunkt nicht nur im Osten, sondern auch im kapitalistischen Feindesland früh.

Die Anzahl erwerbstätiger Frauen lag im Westen bis weit hinter die Revolution der Blumenkinder im einstelligen Prozentbereich, und den wenigsten jungen Frauen wurden Ausbildungs- oder gar Studienplätze angetragen. Noch weniger sind die meisten von selbst darauf gekommen, initiativ danach zu suchen. Das wäre auch wenig zielführend gewesen, galt doch bis zur Verabschiedung des Gleichstellungsgesetzes von Mann und Frau im Jahre 1958: „Das Vermögen der Frau wird durch Eheschließung der Verwaltung des Mannes unterworfen." Ähnlich wie es sich seit 2002 nach der Verabschiedung des Gesetzes zur gleichgeschlechtlichen Partnerschaft verhält, brauchte aber auch diese Erkenntnis ihre Zeit, um zum gemeinen Volke durchzusickern, vor allem zu den Bevölkerungsgruppen im ländlichen katholischen Bereich.

An dieser Stelle nahm des Kommissars Unglück seinen Lauf.

Während die Bundeswehr zuletzt einem Vergleich mit der NVA in keiner Weise mehr standhalten konnten, herrschten in weiten Teilen der Gesellschaft Anfang der sechziger Jahre noch gesittete militärische Verhältnisse.

Überhaupt lässt sich diese Sichtweise wohl auf weite Teile der Gesellschaft übertragen: Wehrdienstverweigerer gab es genauso wenig wie uneheliche Kinder (und wenn doch, dann saßen sie ein... – die Wehrdienstverweigerer), von Scheidungen las man in der Zeitung und da die Pille noch nicht erfunden war, gab es kaum vorehelichen Verkehr. Stattdessen wurde man auf Schritt und Tritt von Vorgesetzten und Eltern beäugt und junge Frauen, die auf sich hielten, wurden meist von älteren Schwestern oder Cousinen begleitet, die man kommissarisch zur Gouvernante gemacht hatte.

Das Familienoberhaupt und seine Kameraden lebten wegen der zuvor erwähnten Diskriminierung also in einer reinen Männergesellschaft und standen andauernd vor der Frage: Wie kommen wir bloß in die Gesellschaft hübscher junger Damen? Da das Familienoberhaupt ein analytisch begabter und überhaupt ausgesprochen findiger Mann ist und auch damals schon war, stellte er sich immer wieder inbrünstig die Frage: Wo sind ganze Ansammlungen hübscher junger Frauen anzutreffen? Und noch wichtiger: Ohne Begleitung? Nachdem die Herren dies eine Weile lang diskutiert hatten, kam dem Familienoberhaupt schließlich die zündende Idee: In der Tanzstunde gibt es immer einen Überschuss an ledigen jungen Frauen! Flugs meldete sich die ganze Truppe zur nächstbesten Tanzstunde.

Derweil hatte der Kommissar verfügt, daß die angehende Debütantin in Vorbereitung ihrer Einführung in die Gesellschaft nun das Tanzbein grazil zu schwingen erlernen sollte. Er meldete sie also zum Tanzkurs (damals noch inklusive Benimmkurs – sicherheitshalber) an, stattete sie mit ihren ersten hohen Schuhen, einem hübschen neuen Kleid und weißen Handschuhen aus und ließ sie im Peterwagen zur Tanzstunde chauffieren.

Dort fiel Mamamaus dann dieser zornige junge Mann auf, der das ganze Gegenteil des Kommissars war: klein, gedrungen, quirlig, aufsässig, unangepasst. Und das angehende und noch ahnungslose Familienoberhaupt sah schlicht das hübscheste Mädchen im Tanzkurs.

Er neunzehn Jahre alt und sie siebzehn. Er war schon von Zuhause geflüchtet, sie wollte noch weg.

Nur hatte der Kommissar da wegen der Volljährigkeit, damals einundzwanzig, noch ein Wörtchen mitzureden. Genauer gesagt: mehr als eins.

9

Als das Familienoberhaupt sich ein ganz klein wenig nervös mit schwitzigen Händen an den obligatorischen Blumenstrauß für die Damen des Hauses klammernd an der Tür läutete, hatte die Frau des Kommissars nicht sehr viel Zeit, ihn zu begrüßen, da der Kommissar schon zur Stelle war, diesen Möchtegern von einem Anwärter genauer in Augenschein zu nehmen. Knurrend bot er ihm der Höflichkeit halber an, Platz an seinem Tisch zu nehmen, an dem auch sein kleines Mädchen saß, das mit Zöpfen im Haar und Rüschenbluse einfach immer noch am hübschesten aussah und – mal so unter Erwachsenen betrachtet – praktisch noch mitten in der Pubertät steckte. Eigentlich hatte der Kommissar so etwas fragen wollen wie ,Was willst du dahergelaufener Schmutzfink von meiner Tochter?', aber statt dessen fragte er:
„Na, junger Mann, haben sie denn schon gedient?"
„Jawohl, das heißt ich diene noch, derzeit bereite ich mich auf meinen Unteroffizierslehrgang vor."
„Hm... und was sind sie von Beruf?"
„Maurer."
„So, so, und was wollen sie werden?"
Ich meine, mal ehrlich: Seit wann ist Maurer ein Beruf?

Das Verhältnis der beiden Männer zueinander verblieb zeitlebens so herzlich wie am ersten Tage, obgleich der Kommissar es trotz Aufbietung seines gesamten Einflusses zu seinem lebenslangen Leidwesen nicht mehr vermochte, die folgende unselige Eheschließung zu vereiteln.
Ebenso wenig gelang es dem Familienoberhaupt, das laute „basta" im Schweigen der zukünftigen Mamamaus zu hören, als diese sich wegen der Unterwerfung ihres Vermögens unter die Verwaltung ihres Weltmannes entschieden hatte, ihrer Berufstätigkeit dauerhaft zu entsagen.

2 Mamamaus in Großbritannien

Seinen Ausbildungsplatz auf einem Binnenschiff hatte das kleine angehende Familienoberhaupt sicher, als es dreizehn Jahre alt war. Den Traum von der großen weiten Welt wollte es sich erfüllen und am nächsten Tag sollte die Abreise sein. Da seine Mutter sich mit diesem Gedanken so gar nicht anfreunden konnte und ihrem Manne, dem Dachdecker, ihre Sorge mitteilte, bekam der Kleine am Abend eine Maurerkelle in die Hand gedrückt, der eine Ausbildungsvertrag wurde zerrissen und der andere unterschrieben, womit die Sache erledigt war. Nur nicht für das spätere Familienoberhaupt.

Eben dieser aufstrebende junge Mann, natürlich Kosmopolit durch und durch, entschied sich nach der Hochzeit souverän, seinem jungen Weibe die Tür zur Welt zu öffnen. Diese hehre Liebestat fiel zufällig mit der Tatsache zusammen, daß dem angehenden Wassersportler zu Ohren gekommen war, in England wäre zum Führen eines Sportbootes kein Führerschein erforderlich.

Flugs wurde ein dem Wasser langjährig vertrauter Stahlkahn auf der Themse angemietet und zwei Flugtickets gebucht.

Voll jugendlicher Vorfreude erklomm man das Flugzeug zu einer Zeit, als man nach der Landung noch voller Berechtigung dem Piloten klatschend seine Ehrerbietung darbot.

Mamamaus ergriff stolz die Gelegenheit, ihrem des Englischen nicht mächtigen Weltmann ihre sprachlich-sozialen Fähigkeiten zu demonstrieren, indem sie mit einem einzigartigen Konglomerat aus Worten, Händen und Füßen diverse Konversationen führte, bis man schließlich das Schiff in den vorübergehenden Besitz nehmen konnte.

Nach einer romantischen Sommernacht leidenschaftlicher Liebe unter lauem britischem Abendhimmel bei leisem Plätschern der Themsewellen gegen rostigen Stahl stachen Mamamaus und das Familienoberhaupt an einem strahlenden Julimorgen in die eisblaue See.

Es dauerte auch nicht lang, bis die erste sportliche Herausforderung in Form einer Schleuse auf die beiden zukam.

Ganz sturmerprobter Kapitän manövrierte das Familienoberhaupt das Schiff steuerbords an die Schleusenwand, dabei erblickte er eine ehrwürdige englische Lady gehobenen Jahrgangs, die vor den beiden ‚Krauts' eingefahren war. Also vertäute er rasch das eigene Schiff, um flugs der Lady zu Hilfe zu eilen, die sich offenbar ganz männerseelenallein auf ihrem Boot befand. Dem eigenen Eheweibe war angeordnet worden, ein Auge auf das eigene Schiff zu haben. Der des Englischen nicht mächtige junge Weltmann sah sich mit dem einen und anderen kommunikativen Problem konfrontiert, doch zu seiner großen Dankbarkeit neigte die Lady zu ausschweifendem Gestikulieren, nur schien auch das wohl nicht in allen Ländern das gleiche zu bedeuten. Sicher freute sie sich ja sehr, daß ihr jemand zu Hilfe kam, aber so enthusiastisch?

Hätte er es nicht besser gewußt, hätte er fast vermutet, die Lady wollte ihn zu seinem Mietkahn zurückschicken... Er drehte sich kurz um – da stand Mamamaus, die wegen ihrer Angst, im Wasser nicht stehen zu können, noch immer nicht das Schwimmen erlernt hatte, wie gelähmt auf einem stählernen Mietschiff in der britischen Fremde, das in dieser unterthemsischen Schleuse ganz ohne die Handbreit Wasser unter'm Kiel an der Schleusenwand in der Luft hing!

Das gefesselte Schiff hatte sich dem sinkenden Wasserspiegel nicht anpassen können! ... und das Familienoberhaupt lernte in einem ungeahnten Tempo ausländisches Gestikulieren, bis der Schleusenwärter endlich das Wasser wieder ansteigen ließ...

Das junge Familienoberhaupt und das dazugehörige rabenschwarze Gewissen brauchten den ganzen Tag, das Eheweib zu beruhigen und wieder zu altbekannter weltmännischer Größe aufzulaufen... Da überkam das Familienoberhaupt die zündende Idee: Es galt, etwas zu unternehmen, das alle Sinne derart gefangen nehmen würde, daß man die Erinnerung an diese unglückliche Begebenheit rasch verdrängen könnte!
So kam es, daß das gerade volljährig gewordene, angehende Mamamäuschen aus einem Wolfsburger Reihenhausvorort sich nach Einbruch der Dunkelheit und einigen Überredungskünsten seitens des Familienoberhauptes gegenüber dem örtlichen Türsteher in einem Londoner

Nachtclub wiederfand – nicht ohne zuvor von dem weltgewandten Ehegatten in die ungeschriebenen Ehrenregeln der Unterwelt eingewiesen worden zu sein, versteht sich. Zum Stillen jungmädchenhafter Neugierde in der anonymen Fremde blieb jedoch kaum Zeit, da das Familienoberhaupt kurz darauf wegen seiner mangelnden Englischkenntnisse das eine oder andere kleine Problem dabei hatte, dem Türsteher den Unterschied zwischen Urlaubserinnerungen auf Zelluloid und Spannerphotos zu verdeutlichen. Der verfolgte Ansatz zur Konfliktbewältigung manifestierte sich in der tatkräftigen Entfernung des jungen Paares aus dem Etablissement unter gänzlicher Zerstörung des Photoapparates.

Welcher Teil der Geschichte Mamamaus nun dazu bewog, sich dem Hobby Wassersport anzuschließen, verbleibt im Dunkeln. Nichtsdestotrotz hatte man sich zum Erwerb von Führerschein und Sportboot entschlossen.

3 Auf dem Weg

Als Costa Cordalis seine größten Schlagererfolge feierte, lag Mamamaus in den Geburtswehen ihres erstes Kindes. Das Familienoberhaupt war informiert worden und während auf dem Weg zum Krankenhaus aus dem Autoradio „Ich fand sie irgendwo, allein in Mexiko, Aaniiita" dröhnte, hatte Mamamaus das Bewußtsein und reichlich viel Blut verloren, weil man da ein kleines Problem mit der Blutgerinnung übersehen hatte, was Mamamaus in den Folgejahren regelmäßig dazu veranlaßte, sich bei Frauenrunden immer wieder Feinde mit der Bemerkung zu machen: „Ich weiß gar nicht, was die alle so heulen, das geht doch ratz-fatz, ich hab vom Kinderkriegen nix gemerkt". Nun hatte sie sich zwar in hingebungsvoller Liebe des Familienoberhauptes Herzenswunsch gefügt, ihr erstes Kind der Tradition folgend „Heinrich III." zu nennen, doch das war mir dank der Tatsache, daß es noch keine Ultraschalluntersuchung für Schwangere mit Feindiagnostik und Geschlechtsbestimmung gab, erspart geblieben und so kam schließlich alles anders. Gott sei Dank.

Da die Familie nun größer geworden war, wurde ein adäquates Heim gesucht und etwas westlich von Wolfsburg – wegen der günstigeren Baupreise ein wenig außerhalb von Braunschweig, wo das Familienoberhaupt berufstätig war – angekauft. Während ich bei den üblichen familiären Sonntagsausflügen beklemmenden Blickes am antifaschistischen Schutzwall vorbei in die Heide oder den Elm chauffiert wurde, begann das Familienoberhaupt seine nebenberufliche Karriere als engagierter Kommunalpolitiker.

Als solcher war er regelmäßig in der drübigen Partnerstadt Magdeburg – westliche Gemeinden hatten, entgegen anders lautender Meinungen, durchaus Partnerstädte im Osten und umgekehrt – aus der er eines plötzlichen Tages nicht wie erwartet zurückkehrte:

Das Familienoberhaupt ist nämlich mit der außerordentlichen Begabung beschenkt, Dialekte täuschend echt und zum allgemeinen Amusement nachahmen zu können.

Allerdings hatte der Leipziger Grenzer da wohl eine andere Wahrnehmung, denn als das Familienoberhaupt nach einer längeren Spottrede, die begann mit „Gänse misch fleisch ma rauslasse aus därr deitschen demmokrotischen Repüblick?" ein längeres Wochenende überraschend nicht heim kam, lag das daran, daß der nette Grenzer dem Familienoberhaupt anno 1975 für ein ganzes Wochenende einen kostenlosen Aufenthalt in einer staatlichen Einrichtung schenkte, und zwar wegen Beamtenbeleidigung und Missachtung der Staatsform.

Während ich allmählich älter wurde und in die Schule kam, machte das Familienoberhaupt eifrig Karriere und der kleine Soldat wurde geboren… Als der kleine Soldat älter wurde, beschloß das Familienoberhaupt, aktiv in die Erziehung des bald werdenden Mannes einzugreifen, damit dieser durch Mamamaus und mich nicht unnötig verweiblicht werden würde. Unverzüglich wurde im Keller ein Schießstand eingerichtet, ein Luftgewehr erworben und geübt. Außerdem nahm das Familienoberhaupt sich der Leibesertüchtigung seiner Kinder an. Selbst an Leistung gewöhnt, kam das Motto „Was belohnt wird, wird erledigt" zur Anwendung:

Eine sehr gute Zeugnisnote wurde mit fünf D-Mark, eine gute mit zwei vergütet, und Taschengeld gab es ab sofort gegen Liegestütze. Eine Mark pro Liegestütz. Wir Kinder wurden rasch kräftig und wohlhabend.

Irgendwann hatte das Schicksal ein Einsehen mit dem Kommissar und versetzte den gelernten Maurer in einen zwei Autostunden entfernten Ort. So musste der Kommissar sich das angeheiratete Elend nicht mehr mit ansehen, was natürlich nichts daran änderte, daß der besagte Maurer die ab sofort bestehende, widernatürliche Entfernung zwischen Vater und der kleinen, schutzlosen Tochter, hinterrücks gezielt verschuldet hatte.

Ein halbes Jahr, nachdem auch der kleine Soldat den Gang zur schulischen Pflichterfüllung angetreten hatte, konnte das Familienoberhaupt noch mal so richtig doll Karriere machen und bekam ein sagenhaft gutes Angebot, wofür wir den Kleinen allerdings wieder aus der Schule nehmen und umziehen mußten, und zwar mitten ins Nichts: 50 Kilometer in jede Himmelsrichtung bis zur Erreichung der nächsten Autobahn oder der nächsten größeren Stadt, gegen diesen Ort war das gewohnte Zonenrandgebiet eine Partyzone: Eine kleine Siedlung im Erzbistum Paderborn, ein 900-Seelen-Dorf mitten im Katholizismus, der Geburtsort des Familienoberhauptes, in dem Ehebruch als Todsünde noch immer allgemein anerkannt war und der Begriff „Todsünde" schlimmer war als „GAU", in dem die Frauen ihren traditionellen Rollen in der Gesellschaft noch gerecht wurden und Sexualität nur innerhalb der Ehe zum Zwecke der Zeugung von Nachkommenschaft vorkam.

Eine meiner entfernteren Großtanten hatte sich gerade im Müttergenesungsverein beim sonntäglichen Kaffeekränzchen der christlich engagierten Damen mit stolzem Siegerlächeln damit gebrüstet, sie habe zwar sechs

Kinder von ihrem seligen Manne empfangen, aber er habe sie nie entblößt erblicken dürfen!

Wir Kinder wurden umgezogen. Zum Umzug bzw. für die Reise vorbereitet mit Reisebekleidung, Stullen für unterwegs, Anti-Übelkeitstabletten (29 Jahre später gestand Mamamaus, daß es sich um Traubenzucker gehandelt habe) und der Bemerkung: „Papa fährt gaaanz vorsichtig." Vorbei die sonntäglichen Ausflüge mit dem Auto entlang des externen antifaschistischen Schutzwalles in Form des meterhohen Zaunes bei Helmstedt. Zu Ende die ruhigen Tage des unbehelligten Kinderspiels im Zonenrandgebiet – wann fuhr hier schon mal ein Auto vorbei und wohin hätte es fahren sollen? Dafür her mit dem Abschied vom ostzonalen Sandmännchen und der Möglichkeit, etwas länger aufzubleiben, weil man das Sandmännchen mit voller Kinderberechtigung natürlich zweimal gucken wollte und durfte.
Es würde keine Flimmerstunde mehr geben und auch Lolek und Bolek sollten wir nie wiedersehen. Wir nahmen Abschied von unserem Status als Schwarzseher von DDR 1 und 2 und packten unsere Köfferchen, während Mamamaus und das Familienoberhaupt sich nicht entschließen konnten, ob sie den Abschied von Sudel-Ede nun feiern oder betrauern sollten.

Unter akuter Ermangelung so neuzeitlicher Erfindungen wie einer Orientierungsstufe oder gar einer Gesamtschule, steckte man mich flugs ins Gymnasium. Kaum hatte ich mich dort einigermaßen eingelebt, kam es zur Revolution – die umliegenden Dörfer probten voller Entrüstung den Aufstand, man schrieb Briefe an den Schuldirektor und die Schulbehörde, berief den Elternrat ein und boykottierte den Elternsprechtag: Der junge Biologielehrer hatte die Nerven gehabt, die Kinder zu lehren, der Mensch stamme vom Affen ab! Dabei stammte er schließlich von Adam und Eva ab! Nach wochenlangen Diskussionen stellte sich die Schulleitung dann auch noch quer und verkündete einfach abschließend, man werde bei der Darstellung der Sachlage bleiben.

Eltern, die nicht mit der Vermittlung dieses biologischen Forschungsstandes einverstanden seien, könnten ihre Kinder in dieser Zeit aus dem Unterricht nehmen.

Mamamaus und ich kamen uns in der Abgeschiedenheit von städtischem Denken und Weltbild sehr fehl am Platze vor, wohingegen das Familienoberhaupt dankbar seine frühere Gewohnheit wieder aufnahm, bei – aus welchen Gründen auch immer eingetretenem – aufkommendem schlechten Gewissen einen Teil des Monatsverdienstes zu wohltätigen Zwecken in das Pfarrhaus zu tragen, eventuell gefolgt von einem anschließenden Kirchbesuch und dem einen oder anderen „Ave, Maria, gratia plena…"
Manche Gesetzesänderungen, auch: Kirchengesetzes-änderungen, benötigen eben viel länger als nur ein paar Jahrzehnte, bis sie aus der Wahrnehmung der Betroffenen verschwunden sind.

4 Erholungs- und Versöhnungsurlaub

Üblicherweise machte der örtliche Pfarrer Antrittsbesuche bei allen Neuzugezogenen. In diesem Fall natürlich nicht. Mamamaus ist zwar die einzig Protestantische, also hier: Heidnische, im Familienverbund, aber Mehrheitsverhältnisse zählten nicht. Ab sofort wohnten wir im Erzbistum Paderborn, der einzigen katholischen Region auf der ganzen Welt, in der noch bis heute kirchlich angeordnete große Exorzismen durchgeführt werden.

„Bielefeld und Paderborn schuf der liebe Gott in seinem Zorn" stand auf einer Postkarte der Wolfsburger Verwandtschaft.

Die kulturellen Besonderheiten des Ortes sollten noch einige Jahre benötigen, um von Mamamaus hinreichend verinnerlicht und gewürdigt zu werden und darauf hatte sie sich auch mental eingerichtet, aber der Entzug ihrer elterlichen Familie und des Freundeskreises schmerzten vom ersten Tage an.

Der sich zunehmend zu Feingeistigkeit und Empfindsamkeit entwickelnde kleine Soldat wurde in die gestrenge örtliche Klosterschule eingeschult und ich arbeitete ab diesem Sommer nach der Schule gegen drei Mark fünfzig die Stunde regelmäßig im Garten meiner Eltern. Wer ein Ziel vor Augen hat, ist bereit dafür zu arbeiten, auch wenn es Jahre dauern würde – und ich wollte weg hier und dafür brauchte ich zwei Dinge: einen Führerschein und ein Mofa. Das Familienoberhaupt hatte das hehre erzieherische Ziel vor Augen, mir beizubringen, was die Mark wert war.

Ab vierzehn Uhr nachmittags schleppte ich die Zementsäcke und Pflastersteine, die das Familienoberhaupt zur Fertigstellung der neuen Familienresidenz benötigte.

Die Fertigstellung sollte noch ein, zwei Jahre in Anspruch nehmen. Die Türrahmen waren noch nicht eingebaut, es hingen Vorhänge zwischen den Zimmern, im Bad gab es noch keine Heizung, der Anbau war noch in der Planung und von Tapeten und Fußleisten etc. will ich hier gar nicht reden. Es staubte überall und der Staub zog in jede Ritze. Man konnte ihn beim Atmen auf der Zunge spüren. Dafür gab es eine meist funktionstüchtige Gasheizung mit einer Therme, so nannten wir den großen Blechkasten im Flur mit dem kleinen blauen Flämmchen im Guckfenster.

Der Blechkasten war mittels hohem fachlichen Sachverstand in einer Nische in der Mitte des Flurs angebracht worden, wo es am dunkelsten war, denn dort fehlte eine Lampe. Als die Heizung einmal aussetzte, es im Hause im kälter wurde und wir Kinder eigentlich baden wollten oder vielmehr sollten, unternahm Mamamaus mit der Fülle ihres handwerklich-technischen Sachverstandes einen Behebungsversuch. Vor dem dunklen Kasten im dunklen Flur stehend erinnerte sie sich, daß man in solchen Fällen die Nutzung von möglicherweise Kurzschlüsse verursachenden Stroms in Form von Lichtschaltern etc. unterlassen sollte und kam so kurzerhand auf die praxisbezogene Problemlösung, ein Streichholz als Lichtquelle zu benutzen.

Zehn Minuten später saß sie beim örtlichen Friseur, der ihre angeschreuten Haare auf eine jugendliche extrem-Kurzhaarfrisur runterschnitt und ihr in seiner Eigenschaft als Kosmetiker den schmunzelnden Rat gab, sich die Augenbrauen vorläufig mit einem Kajalstift ins Gesicht zu malen. Wir versprachen unserer Mamamaus, sobald wir groß wären, würden wir das heimische Haus im großstadtnahen Wolfsburg zurückkaufen und wieder nach Hause ziehen. Zu dritt.

22

Wir waren einsam. Wir hatten Heimweh. Und es gab einen Schuldigen.

In schweigsamem Groll und noch lauter schweigenden Vorwürfen kamen der Herbst und der Winter und schließlich war der Frühling da.

Das Familienoberhaupt war kaum daheim und verbrachte die meiste Zeit bei der Arbeit. Er bemerkte nicht gleich, daß wir nicht so ganz doll glücklich in der neuen Heimat waren, denn er fuhr so oft und viel zu seiner neuen Arbeitsstelle, daß er gar nicht merkte, wie unglücklich er selbst war. Er war nicht in seinem Heimatort, in den wir vor einem knappen Jahr anläßlich seiner Beförderung zurückgezogen waren, angekommen. Das Zuhausegefühl wollte sich nicht einstellen. Viele seiner Jugendfreunde waren in vielversprechendere Gegenden abgewandert und zu denen, die noch da waren, fand er nach runden zwanzig Jahren Abwesenheit kaum noch Zugang.

Viele Tage in der Klosterschule, manch schweigsames Familienessen, viele Tränen bitteren Heimwehs und einige Tonnen Zement und Pflastersteine später entschied sich das durch psychologische Mürbemachung und die rationierte Zuneigung des Eheweibes erweichte Familienoberhaupt, zum Ausgleich der seelischen Grausamkeiten und zur Befriedung des Familiengrolls des vergangenen Jahres einen ausgiebigen Erholungsurlaub zu buchen. Flugs wurde uns verkündet, daß wir einem großartigen und unvergleichlichen, zweiwöchigen Abenteuerurlaub auf einem strahlenden Schiff auf der Mosel entgegensahen, den er soeben gebucht hatte.

Allein die Vorstellung, zwei ganze Woche – vierzehn geschlagene Tage (!) – der erzkatholischen Einöde zu entkommen, entlockte uns durchaus etwas Vorfreude.

Vier Wochen später, etwa drei Tage vor Urlaubsantritt, telefonierte das Familienoberhaupt etwa zwei Mal täglich mit dem Bootsvercharterer und sah ungefähr vier Mal am Tag die Nachrichten im Fernsehen, um sich wegen des Jahrhunderthochwassers an der Mosel auf den aktuellen Stand der Dinge zu bringen.

Als dort der allmähliche Rückgang der Wassermassen angekündigt wurde und der Vermieter bei der Heiligen Jungfrau Maria geschworen hatte, daß dem Bootsurlaub nichts im Weg stünde, brachen wir schließlich auf, das Familienoberhaupt, Mamamaus, der kleine Soldat, ich und der ältliche Königspudel nebst Gepäck und Lebensmitteln für vier Wochen – man soll schließlich nicht zu knapp kalkulieren.

Nach mehreren Stunden Autofahrt kamen wir am Urlaubsort an der Mosel an, wo über die dem Fluß näher gelegenen Straßen Stege gebaut worden waren, damit die Anwohner ihre Häuser erreichen konnten.

Die Stegkonstruktion, die zum Yachthafen führte, erstreckte sich über mehrere hundert Meter, die das Familienoberhaupt einmal mit uns gemeinsam überquerte und dann noch einige Male mit den zwei Koffern, vier Reisetaschen, fünf Baumwolltaschen mit Lebensmitteln und drei Getränkekisten, der Hundedecke, einer Kiste Chappi und einer Tüte Trockenfutter und natürlich mit dem zusammengefalteten Schlauchboot für vier Personen, das für uns Kinder als Beiboot angeschafft worden war. Anschließend holte das Familienoberhaupt noch den Holzboden für das Beiboot und schleppte ihn, wie alles andere, hunderte Meter weit über die Stege bis zu dem alten und viel geliebten kleinen Stahlkahn, der als „Yacht" angemietet worden war, und von dem hie und da der Rost abblätterte. Dafür war er ein Unikat, das sonst niemand hatte, erklärte uns Mamamaus die wundersame

24

Bootskonstruktion, die wir noch nie gesehen hatten, obwohl wir von Kleinkindbeinen an sommertags auf Sportbooten unterwegs gewesen waren. Der Vermieter hatte den Rumpf gekauft und den Außenaufbau und Innenausbau kraft seiner handwerklichen Kompetenz und seiner kreativen Phantasie höchst selbst in jahrelanger Kleinarbeit erledigt. Natürlich nach sehr individuellen Vorstellungen.

Eben kam das Familienoberhaupt vom Aufpumpen des jetzt am Heck vertäuten Beiboots schwitzend wieder an Bord, setzte sich erst einmal hin und sagte:

„So, jetzt rauche ich aber erst mal entspannt ein Zigarettchen."

„Ja" sagte Mamamaus, „das ist aber eine gute Idee. Kinder, schaut doch mal, ob ihr ein paar Meter mit dem Hund gehen könnt!"

Sie wußte ganz genau, daß wir erst einmal ein paar hundert Meter über die Stege mußten, ehe wir ein paar Meter mit dem Hund gehen konnten! Doch noch ehe wir so richtig maulen konnten, fragte Mamamaus das allwissende Familienoberhaupt: „Du, Schatz, was tropft hier eigentlich immer so?"

Murrend legte er seine noch nicht angezündete Zigarette zur Seite und erhob er sich aus dem Klappstuhl, um dem Geräusch in die Kajüte zu folgen. Dabei hätte das Familienoberhaupt ein kleines Päuschen wahrlich verdient gehabt! Es verging ein kleiner Moment, bis er „NICHT RAUCHEN!" schreiend wieder zurückstürmte, um Mamamaus, die die Zigarette zwischen den geschürzten Lippen und das Feuerzeug in der Hand hielt, selbiges aus der Hand zu schlagen, durchzuatmen, und zu erklären: „Ihr geht jetzt sofort alle mit dem Hund spazieren. Ich muß den Vermieter anrufen. Die Gasleitung tropft." Der Innenausbau des Schiffchens war eben auch sehr individuell von statten gegangen, auf der Basis sehr individueller Fachkompetenz.

Eine gute Stunde idyllischen Spaziergangs im strömenden Regen später kamen wir zum Boot zurück, der Vermieter verabschiedete sich gerade, und wir Kinder wurden angehalten, uns jetzt bettfertig zu machen.

Mamamaus und das Familienoberhaupt kamen endlich zu ihrer wohlverdienten Zigarette, wobei das Familienoberhaupt beschloß, nach einem so harten Tag hätte er sich eine Zigarre verdient, die er dann genüßlich auf dem hinteren Deck rauchte. Nach dem letzten Zug warf er den glühenden Stumpen gekonnt cool über seine Schulter nach hinten ins Wasser.

„PFFFFffffftttt!" machte so laut, daß wir Kindern noch einmal aus der Kajüte schauten und mitansehen mußten, wie unser heiß geliebtes Schlauchboot immer kleiner wurde. Nachdem der erste Schock vorüber war, hatte Mamamaus zwei todtraurige, plärrende und wahnsinnig zornige Kinder zu beruhigen.

Als die Sonne längst untergegangen war, wir Kinder immer noch heulten und hassten, und an Nachtruhe nicht zu denken war, griff das Familienoberhaupt zum Äußersten, um endlich Ruhe zu erfahren: „Morgen fahren wir zum nächsten Bootshändler und kaufen ein neues Beiboot, und zwar eins, das noch größer und seegängiger ist als das alte war!"

Der kleine Soldat wollte eben zu weinen aufhören und sich selig an die väterliche Brust werfen, als ich ihm unauffällig an's Schienbein trat – die Gelegenheit war unglaublich günstig für geschickte Verhandlungen! Es wirkte. Der Kleine plärrte wieder und das Familienoberhaupt sah mich ratlos, aber hoffend an. „Papa, die Mosel hat Hochwasser! Wie sollen wir denn hier ohne Motor vorankommen?"

Am nächsten Tag – es war der zweite Urlaubstag – leerte sich die elterliche Urlaubskasse beträchtlich, als wir ein drei

Meter fünfundvierzig langes – also sehr stattliches – festes rosa Beiboot aus einer Mischung aus Glasfaser, Fiberglas und Kunstharz, also solidem nichtbrennbaren Plastik mit einer Halterung für den dazugehörigen gebrauchten 4-PS-Außenborder unser eigen nennen konnten, das mit Sicherheit weitere Zigarrenangriffe überstehen würde!

Das Beste daran war, daß wir es am Ende des Urlaubs mit nach Hause nahmen und von da an ständig auf der Oberweser damit unterwegs waren, was uns mit unserem Umzugselend ein bißchen versöhnte.

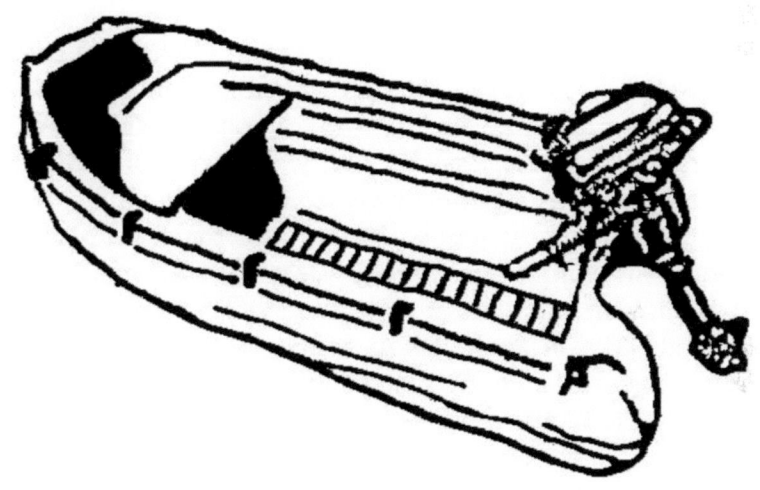

5 Der Atomschutzbunker

Das benachbarte Atomkraftwerk war wohl von niemandem in den umliegenden Dörfern gern gesehen, einzig Mamamaus konnte dem technischen und optischen Monstrum eine gewisse Sympathie entgegenbringen, da es förderlich für den häuslichen Frieden war, denn in diesem Punkt waren das Familienoberhaupt und ich nach sechzehn Jahren erstmals einer Meinung: Das Ding war eine einzige Zumutung und gehörte abgeschafft! Es ging einfach eine zu große Gefahr davon aus und außerdem störte es die nächtliche Ruhe.

Das Familienoberhaupt, das, wie alle ehemaligen Soldaten, nicht etwa schläft, sondern lediglich ruht, klagte schließlich wegen nächtlicher Ruhestörung bzw. des lauten Surrens der Kühltürme gegen die Betreibergesellschaft, worauf regelmäßig ein Messteam des Kraftwerks mit befremdlichen Werkzeug nachmittags bei uns erschien (Mamamaus machte eben doch einen zu guten Kaffee), um die Lautstärke zu messen, die immer im grünen Bereich war, worauf das Familienoberhaupt seinem Anwalt gebot zu begründen, daß die Lautstärke ja auch lediglich nächtens störend laut sei und tagsüber auf unerfindliche Weise leiser. Selbstverständlich verbat er sich nächtliche Messungen – seinen Feind auf seinen Grund und Boden bzw. seinen Balkon zu lassen, war ja wohl schon mehr als entgegenkommend, aber auch noch nachts, nein!

Ich weiß gar nicht mehr, wie hoch die Summe war, mit der die Betreibergesellschaft das Familienoberhaupt schließlich entnervt vom Schweigen überzeugte.

Jedenfalls nutzte das Familienoberhaupt, immer auf Effizienz bedacht, die unerwarteten Gelder zur Abwendung der Gefahr, die vom nachbarschaftlichen Kraftwerk, das einen guten Kilometer weit auf der anderen Seite der Weser stand, ausging. Auf der Weihnachtsdemo am Heiligen Abend begleitete das Familienoberhaupt trotz persönlich konservativer und keinesfalls pro-demonstrierender Werte das revoluzzende Tochterkind aus pädagogisch wertvollen Überlegungen der Familienzusammenführung vor die Tore des Kernkraftwerks. Für diese Demonstration gegen die Kernkraft bzw. beim Famlienoberhaupt gegen den Lärm, hatten wir extra die heilige Messe vertagt, war uns doch erläutert worden, daß trotz aller noch so dicken Schutzmauern der atomare GAU für den Fall des Restrisikos bevorstand, daß ein Flugzeug im 90 Grad-Winkel in die Kernanlage abstürzen würde.

Das Familienoberhaupt, von Beruf bekanntlich Versicherer und daher von Natur aus ein klein wenig vorsichtig, erkannte sofort die drohende Gefahr und ergriff eiligst Maßnahmen.

Man hatte ohnehin beschlossen, auf dem gegenüberliegenden Grundstück noch einmal neu zu bauen und wofür war er eigentlich gelernter Maurer? Nachdem man die wegen des Bauvorhabens im Hochwassergebiet anfangs ein wenig zickigen Damen und Herren vom örtlichen Bauamt mit ein wenig – in Zahlen ausgedrücktem – gutem Willen von ihrer Zustimmung überzeugt hatte, ging es frisch ans Werk. Das Fundament ließ das Familienoberhaupt gießen und hob dann für den wahrscheinlichen Fall, daß ein Flugzeug senkrecht auf die Kernanlage stürzen würde, in der Dämmerung unter einem Teil des geplanten Hauses ein Loch aus, das von innen fachmännisch und wasserdicht ausgemauert wurde.

Bei der Baufirma, die das Haus auf das Fundament setzte, wurde penibel darauf geachtet, daß sie nicht aus der näheren Umgebung kam. Man wusste ja, daß auf dem Bau gern getratscht wird und die in der Entstehung befindliche Schutzanlage sollte schließlich im Ernstfall nicht überrannt werden. Schließlich war das Traumhaus fast fertig und das Familienoberhaupt ordnete den Innenausbau an, bei dem alle kräftig anpackten. Lediglich sein Arbeitszimmer behielt er sich unter großer Geheimhaltung als seine persönliche Spielwiese vor. Kurz vor Weihnachten bat er dann die Familie zur Versammlung in eben dieses Herrenzimmer und präsentierte stolz die Möglichkeit zur Errettung der Liebsten unter seinem antiken, eichernen Schreibtisch.

„Helft Ihr mir mal bitte?" sprachs und das Familienoberhaupt und ich, gestählt von vielen Liegestützen, wuchteten das Ungetüm von der Stelle. Flugs schlug das Familienoberhaupt den Teppich beiseite und zog zwei mindestens fünfzehn Zentimeter lange und ziemlich dicke Gewindeschrauben aus den Fliesen, an denen er nun aus Leibeskräften riß, worauf sich ein Stück des Bodens auftat und den Blick auf den Zutritt zu unserer Errettung beim größten anzunehmenden atomaren Unfall freigab: den Atomschutzbunker! Er hatte Stehhöhe (die des Familienoberhauptes, also gut einen Meter und sechzig), kein Licht, keinerlei sanitäre Anlagen, dafür jede Menge Konservendosen und Zuversicht.

„Na, ist das nicht ne klasse Idee?"

Keine Antwort.

„Na, mein Schatz, fühlst du dich jetzt nicht viel sicherer?" fragte das Familienoberhaupt Mamamaus, den männlichen Arm schützend um ihre schmale Gestalt legend.

„Äh, und wenn Hochwasser kommt?"

„Ha! Das Ding ist ab-so-lut wasserdicht! Habe ich schließlich selbst gebaut! Tja, dafür muß man schon Maurer gelernt haben!"

„Ja, also, das ist schon.." murmelte Mamamaus und suchte in ihrer Not nach einem passenden Ausdruck: „..erstaunlich."

Und dann fiel ihr noch etwas ein: „Und weißt Du was? Darin würde sich unser guter Wein auch ganz wunderbar lagern lassen."

„Ja, das stimmt! Mensch, du hast ja fast so gute Ideen wie ich!"

„Danke, mein Schatz, ich finde das auch eine gute Idee, aber auf die andere wäre ich sicher nicht gekommen, ich habe ja auch nicht Maurer gelernt" sagte sie in leicht betrübtem Ton.

Jeder andere hätte bemerkt, daß sie ihn auf die Schippe nahm, nicht so Heinrich II, der sogleich tröstende Worte fand:

„Das stimmt, dafür bist Du eine sehr gute Hausfrau."

Mamamaus sollte nicht traurig sein, weil ihr das Maurerdasein vorbehalten geblieben war.

„Aber eins muß euch natürlich klar sein: Davon darf sonst niemand, aber auch wirklich niemand erfahren, sonst rennen die uns hier alle die Bude ein, wenn's mal losgeht!" schärfte das Familienoberhaupt uns mehrfach unter Androhung drakonischster Strafen ein.

Am nächsten Tag, das Familienoberhaupt war schon zur Arbeit gefahren und ich kam gerade von der Schule, wollte Mamamaus die guten Weinflaschen in unseren neuen Weinkeller einlagern und bat mich, den Quadratmeter Fußboden mit den beiden großen Schrauben anzuheben. „Den Schreibtisch habe ich ja weg geschoben gekriegt, aber dieses Loch kriege ich nicht auf." Und der Kleine war ja erst zwölf, ihn konnte sie nicht fragen. Nun – gesagt, getan.

Die Tage und Wochen verstrichen, Weihnachten war gekommen und gegangen und im Frühjahr wollten Mamamaus und das Familienoberhaupt ihren 22. Hochzeitstag mit einer guten Flasche Wein aus ihrem persönlichen Jahrgang feiern. Schade nur, daß sich der Jahrgang wegen der Schneeschmelze nicht mehr so genau beziffern ließ. Das Hochwasser hatte die Etiketten abgespült.

Der wasserfeste und sturmerprobte Weltmann mit dem Maurergesellenbrief hatte seine gesammelte Befähigung in die Waagschale geworfen, die von den Naturgesetzen nun so schmählich missachtet worden war.

Der atomare GAU hatte sich im Ernstfall also einigen Gepflogenheiten zu unterwerfen: erstens durfte er nicht eintreten, wenn das Familienoberhaupt und ich nicht Zuhause waren, wer hätte sonst den Zugang zum Bunker geöffnet? ...und zweitens hatte er gefälligst abzuwarten, bis die Schneeschmelze vorbei war.

6 Damenprogramm

Während das Familienoberhaupt seiner natürlichen Begabung als Maurer in Form des Hausbaus nachgegangen war, sammelten Mamamaus und ich Erfahrungen als Angehörige einer auch wissenschaftlich immer noch als solche definierten Minderheitengruppe, die gerade mal 51 % der Bevölkerung ausmacht: Etwa 20 Jahre nach der Blumenkinderbewegung konnte man den Herren hierzulande beim besten Willen nicht vorwerfen, die Achtundsechziger hätten sich nachteilig auf ihren guten und höflichen Umgang mit der Damenwelt ausgewirkt. Man(n) trug diese nach vor auf Händen und belastete sie nicht mit den täglichen Niederungen der Arbeitswelt oder gar Politik und ähnlichen, das weibliche Gemüt belastenden Themen. Die Frau eines (echten) Mannes hatte es natürlich nicht nötig, arbeiten zu gehen und wurde auf Betriebsausflügen dem klassischem Damenprogramm zugeführt.

In dem kleinen, unglaublich katholischen Ort im Erzbistum Paderborn, in den wir verschleppt worden waren und in dem auch die Großeltern väterlicherseits wohnten, fristete Mamamaus aufgrund ihres Heidentums ein Dasein als Quasi-Aussätzige; als Angehörige einer weiteren Minderheitengruppe war sie zweifach getroffen:

Als Protestantin wurde ihr verdeutlicht, daß man sie in der Kirche nicht sehen wolle.

Entgegen seiner sonstigen Gewohnheiten kam der örtliche Pfarrer auch nicht zu einem Antrittsbesuch der Dorfneulinge.

Dieser Information war ich noch nicht habhaft geworden, als ich ihn um ein Gespräch bat:

Der Mann Gottes trug den Spitznamen Speedy, nach Speedy Gonzalez, der schnellsten Maus von Mexico -- er ist nur

1,60m groß war, seine Predigten dauern nie länger als sechs Minuten und er hat es fortwährend eilig;

wenn man ihn in seiner Kirche sieht, ist man unentschlossen zu glauben, ob er dem heiligen Geist nach- oder vor dem Teufel davonläuft – dabei hätte Speedy den Spitznamen gar nicht nötig gehabt, da er von Natur aus Jünger mit Nachnamen heißt. Speedy wies ein gewisses Maß an Konservativismus auf: In der guten alten Zeit, in diesem Fall 1984 wurde im guten alten Westen noch Wert auf eine angemessene Rollenverteilung gelegt:

„Guten Tag, Herr Sp... äh, Herr Jünger."

„Guten Tag, mein Kind. Na, mein Mädchen, was kann ich denn für Dich tun?"

„Eigentlich will ich gern was tun, ich möchte nämlich Meßdiener werden."

„Ach so. Ja, aber du weißt doch, daß das nicht geht."

(Denkpause)

„Äh, ja... aber wieso denn nicht?"

„Nun. Du kennst doch Jesus und seine Jünger?"

„Ja, Herr Jünger, natürlich."

„Siehst du, das waren doch auch alles Männer."

... sprach's und eilte zur Kanzel, um eine (natürlich lateinische) Messe zu halten.

An dieser Stelle sei beiläufig bemerkt, daß das Dorf zum Zeitpunkt zu ca. 90% aus Absolventen der achtklassigen Volksschule bestand und daß Speedys Chef ihm gut 10 Jahre später, als die geburtenschwachen Jahrgänge heranwuchsen und die Anzahl männlicher Meßdiener immer dünner wurde, ein ganz ernsthaftes Problem zu lösen aufgab...

Die Eigentümlichkeiten, denen Frauen ausgesetzt waren, beschränkten sich keinesfalls auf die Kirche:

Im Fußballverein waren „junge Mädchen" außerordentlich gern gesehen, konnten sie doch die jungen Männer immer so wirkungsvoll anfeuern. Selbst mitzuspielen scheiterte – leider, leider – immer wieder an den nicht vorhandenen Duschgelegenheiten für's zarte Geschlecht.

Auch im Schützenverein waren Mädchen hoch willkommen, jedes Jahr schmückte sich der beste junge Schütze mit der hübschesten jungen Dame des Ortes, die er aufgrund seiner waidmännischen Spitzenklasse auszuerwählen berechtigt war.

Die örtlichen Schulen – die höheren, versteht sich – unterwiesen die Mädchen im Handarbeiten und die Jungen im Werken, was an der Hauptschule so an Gleichgeschlechtlichkeiten vor sich ging, darüber wurde gar nicht erst weiter gesprochen.

... und Zuhause wurde manchem „jungen Mädchen", im Gymnasium ab der 11. Klasse gern „Fräulein" genannt, während der „gewissen Tage" das Betreten der Küche untersagt.

Unnötig zu sagen, daß ich mich als „junges Mädchen" in einer fortwährenden Rebellion befand, die schließlich in dem Bemühen der Schulleitung gipfelte, mich zur Besserung in ein katholisches Mädchenpensionat zu entsenden…

Eine lesbische Freundin fragte mich Jahre später entgeistert: „Wie? Die wollten Dich in ein Mädchenpensionat schicken und Du hast die Chance nicht wahrgenommen?!"

Meine äußerst bodenständige und doppelt leidgeprüfte Mamamaus – denn statt der Lehrer hatte sie die Elternschaft, den Direktor und manch andere Unannehmlichkeit wie den Müttergenesungsverein am Hals (vom Familienoberhaupt ganz zu schweigen;-) – beauftragte zunächst einen Anwalt, der das Gröbste abzuwenden wusste und erklärte sich dann in letzter Not bereit, noch einmal umzuziehen.

Während unsere Erfahrungen im anti-emanzipierten Katholizismus in meinem jugendlichen Alter zu einer gesunden rebellischen Haltung den verordneten Werten gegenüber führte, war meine liebe Mamamaus, sorgende Hausfrau und wundervolle Mutter zweier sich prächtig entwickelnder Kinder, die sich von der Abhängigkeit ihres

Elternhauses in die von ihrem katholischen Weltmanne begeben hatte und von Opa treusorgend von den greulichen Ereignissen der 68er-Bewegung abgeschirmt worden war, noch immer nicht wach geworden. Ihre Lieblingsfilme hießen „Sissi", „Ferien auf Immenhof", „Vom Winde verweht" oder „Die Dornenvögel", sie ließ sich das Haushaltsgeld einteilen, Taschengeld gab es nicht, über die Pflege des Hauses, des Zweitausend-Quadratmeter-Grundstückes, der beiden Autos und des Bootes sowie der Kinderaufzucht hatte sie die Tätigkeit als Politesse aus bekannten Gründen aufgegeben und es wäre ihr nie eingefallen, einmal nicht Zuhause zu sein, wenn das Familienoberhaupt nach einem anstrengenden Tag von der Jagd heimkehrte. Wer hätte sonst ob seiner mannigfaltigen Befähigungen und Leistungen staunen sollen?

Nicht allzu lange Zeit nach dem finalen Fall des antifaschistischen Schutzwalls erkannte er in seinem strategischen Weitblick die ungeahnten Möglichkeiten beruflicher Tätigkeit in der früheren Ostzone und seine Firma war froh, ihn dahin versetzen zu können.

7 „Schwimm, Kind, Amerika ist weit"

Als Teenie wurde mir dann die Gelegenheit zur Flucht gegeben, als das Familienoberhaupt eines frühen Morgens die Tür zu meinem Zimmer mit dem gellenden Ruf „ANTRETEN!" aufriß, mich angrinste und mir die aktuelle Ausgabe der örtlichen Tageszeitung auf den Tisch warf, in dem ein Stipendium für einen Schuljahresaufenthalt in den USA ausgeschrieben war. Aus dem Kommando „da bewirbst Du Dich" war nicht zweifelsfrei zu ersehen, ob seine Motivationslage eher seinem Ehrgeiz oder seinem Wunsch nach familiärer Ruhe entsprang. Meinem Fluchtreflex jedoch kam die Sache entgegen und meinem morgendlichen Wunsch nach der Vermeidung von Zwist mit dem Familienoberhaupt erst recht. Also bewarb ich mich. So sollte Mamamaus´ lustiger Ausspruch aus meinen Kindertagen, „Schwimm, Kind, Amerika ist weit", den sie immer sagte, wenn wir uns augenzwinkernd woandershin wünschten, doch noch wahr werden.

Etwa fünf Monate später saß ich mit meinem Teddy im Arm in der Holzklasse der Lufthansa. Erst über den Wolken wurde mir klar, was ich da alles für ein geschlagenes Jahr hinter mir ließ, und daß ich in die Ungewißheit flog. Lediglich meine Gastfamilie hatte ich schon auf einem Photo gesehen und ganz kurz am Telefon gesprochen. Ansonsten wußte ich nichts.

Der Kontakt zu meiner Familie und meinen Freunden war spärlich. Die Telefonierminute kostete tagsüber drei und nachts zwei Mark. Der Telefonmarkt war in Deutschland noch nicht privatisiert worden. Wenn ich einen Brief von meinem deutschen Freund erhielt, der extra Aufpreis für Luftpostbeförderung bezahlt hatte, damit mich seine Zeilen schneller erreichten, und mich noch am gleichen Tag hinsetzte, antwortete und den Brief auch gleich wieder per Luftpost losschickte, dann hieß das konkret, daß er gut zwei Wochen warten mußte, um Antwort in den Händen zu halten.

Dafür gewöhnte ich mich in den neuen Verhältnissen schnell ein. Meine Gasteltern und –geschwister waren herzliche und herzenswarme Menschen, die sich große Mühe gaben, mir die Eingewöhnung angenehm zu machen.
Neue Leute, neue Umgebung, altes Schicksal: Meine Gastfamilie war streng katholisch und ich stand nun jeden Sonntagmorgen um halb sechs mit ihnen auf, um zum Pfarramt zu fahren und dort das Frühstück für die Gemeinde herzurichten, anschließend an der Messe teilzunehmen und dann noch in die Sunday School zu gehen, die in den USA aufgrund der Trennung von Schulsystem und Religion den schulischen Religionsunterricht ersetzt. Effektiv war ich sonntags morgens fünf geschlagene Stunden am Stück mit dem Katholizismus beschäftigt! Vor meinem inneren Auge sah ich Gott schenkelklopfend und lauthals lachend und gelegentlich „Ätsch!" rufend auf einer Wolke sitzen.

Auf dem Rückweg von der Kirche kamen wir an verschiedenen Läden vorbei, darunter auch ein „Adult Book Store", also ein Buchladen für Erwachsene. Es sollte noch eine Weile dauern, bis mir klar wurde, daß es sich um einen Erotikshop handelte. Etwas später las ich in einer deutschen Zeitung, daß die USA den größten Pornomarkt der Welt haben.
Eine meiner neuen Schulfreundinnen erzählte mir einmal während einer langen Pause, daß sie am Wochenende zuvor, als sie mit ihrer Clique am Atlantikstrand in der Sommersonne gelegen hatte, von der Polizei eingesackt und

mit auf's Revier genommen worden war und ihre Mutter sie von dort abholen mußte. Entgeistert fragte ich sie, was denn nur geschehen sei. „Ich habe oben ohne gebadet", lautete die Antwort.

Prüderie und Pornographie, Moral und Abgrund liegen in den USA sehr dicht nebeneinander. Das fiel mir wieder sehr ins Auge als der 15. Oktober vorüber war und von da an von uns Schülern erwartet wurde, in der High School ,anständig gekleidet' zu erscheinen, also im Winterhalbjahr mit bedeckten Unterarmen und Unterschenkeln. So jedenfalls war es in der Schulordnung festgeschrieben. Alles andere galt als moralisch verkommen. Das Phänomen der Bigotterie verachtend und an's Revoluzzen bereits hinreichend gewöhnt, entschied ich mich an einem heißen Spätoktobertag, mal in meinen mitgebrachten Sachen zu wühlen, denn mir war doch so, als hätte meine zauberhafte Mamamaus mir ihren alten Badeanzug aus den Siebzigern eingepackt, als ich vor ein paar Monaten für ein Jahr packen mußte.

Am nächsten Tag, es waren sicher noch knapp 30 Grad, zog ich mir meine Cowboystiefel und meine schwarze, knackig sitzende Stoffhose an und dazu als Oberteil den hellgrünen Badeanzug mit Blumenmuster an, dessen Rücken völlig frei geschnitten war. Nur vorneherum war Stoff zu erkennen, ansonsten war ich gänzlich rückenfrei unterwegs, stieg so in den Schulbus und ging auch so in den langen Flur der High School, wo ich schon vor der ersten Stunde von einem Lehrer angesprochen wurde, den ich aber kurzerhand in ein Gespräch verwickelte, bis es zur ersten Stunde läutete, worauf ich im Weggehen flötete: „Jetzt müssen Sie mich aber entschuldigen, ich muß ganz dringend in den Unterricht" und weg war ich fleißiges Ding. Ich hatte im Flur Aufsehen erregt und das setzte sich in der Klasse fort und sprach sich auch herum wie ein Lauffeuer. Besonderen

Anklang fand ich bei dem Hünen von Lehrer, der Vietnamveteran war und eine Schwäche für unangepaßte Schülerpersönlichkeiten (und vielleicht auch für junge Damen, die ‚bella figura' machten) hatte und augenzwinkernd beschloß, meinen Aufzug nicht offiziell zur Kenntnis zu nehmen, so daß ich das noch ein wenig auskosten konnte. Erst in der nächsten Pause dann wurde ich auf dem Flur von einem anderen Lehrer angesprochen, die Direktorin würde mich in ihren Räumlichkeiten erwarten.

Ein paar Minuten später bot mir die Frau Direktor einen Stuhl an und wies mich gestrengen Blickes an, mich zu setzen. Dann wurde mir eine längere Predigt zuteil, die mit den Worten endete: „Nun, da Sie noch nicht lange an unserer Schule sind und mit den Gepflogenheiten unseres Landes möglicherweise noch nicht ganz und gar vertraut, lege ich Ihnen wärmstens an's Herz, sich die Schulordnung gründlich zu Gemüt zu führen."

„Das habe ich, Madam", sagte ich lächelnd und sie begann zu schmunzeln während ich fortfuhr: „…denn die habe ich selbstverständlich genauestens gelesen und kann Ihnen daher versichern, daß dort rein gar nichts über Badeanzüge steht."

Ich hatte mir den Ruf eines querdenkenden und nonkonformistischen Menschen erarbeitet, der von nun an gern und oft nach seiner Meinung gefragt wurde. Das steigerte sich, als ein paar Wochen später die Mauer fiel und das Stipendium zur Völkerverständigung auf einmal seinem Namen alle Ehre machte. Ich wurde zu Politik- und Sozialkundeunterrichtsstunden meiner eigenen und benachbarter High Schools eingeladen und zu Diskussionsrunden gebeten, denn das amerikanische Interesse war sehr groß, die Vorbildung aber zumeist gering („Germany? Gibt es da nicht zwei davon?").

Ein Jahr und viele lustige und auch prägende Ereignisse später saß ich wieder im Flieger, Holzklasse nach Hause, und kam heim in ein verändertes Land.

8 West-Opis Trabbi

„Die Karre zieht nicht, Kindchen! Da musste mal nach gucken lassen", knurrte der Vater des Familienoberhauptes Mamamaus an, als er aus dem drei Kilometer entfernten Godelheim vom Einkaufsbummel mit Omi wiederkam, während Mamamaus gerade wieder einige Kartons für den herbeigesehnten Umzug in die Diaspora der neuen Bundesländer packte, wie die Ostzone seit wenigen Jahren in politisch korrektem Sprachgebrauch zu benennen war, obgleich sich viele Deutsche – äh, Entschuldigung: Westdeutsche noch nicht daran gewöhnt hatten.

„Die fährt ja nicht schneller als 60!" Seit Opi seinen Käfer vor ein paar Jahren auf andauerndes Bitten und Betteln seiner Kinder hin abgegeben hatte, war Mamamaus die einzige, die ihm hin und wieder ihr Auto, einen Subaru Kleinbus, lieh. Das Problem war, daß Opi wegen seiner akuten Schwerhörigkeit nicht hörte, wann er schalten musste – welcher Kleinwagen läuft im zweiten Gang schon schneller als 60?

Nun hatte Opi, Kriegsveteran der Ostfront, sich mit seinen 75 Jahren zwar übergangsweise ein Mofa angeschafft und eine Anhängekupplung daran montiert, doch die Erlösung von seinem Schicksal ereilte ihn überraschend im Jahre des Herrn 1992. Opi war zeitlebens überzeugter Katholik gewesen und so schien er für seine wöchentlichen Kirchgänge zuletzt doch noch belohnt zu werden. Da sah er nämlich ein sensationell günstiges Angebot in der Zeitung: Ein Kleinwagen mit vier Sitzplätzen und 26 PS, günstig in der Versicherung und bei fünf Jahren Fahrzeugalter mit 1.100 DM ein wahres Schnäppchen!

Genauso preisgünstig wie ein zweiwöchiger Urlaub für eine dreiköpfige Familie in einem Vier-Sterne-Hotel in Antalya.

Doch das Allerbeste war, daß es sich um einen Zweitakter handelte und dort ganz genau zu hören sein würde, wann man zu schalten hatte!

In einer Zeit, in der gebrauchte Trabis für hundert Mark verhökert oder verschenkt wurden, erhielt ich den großväterlichen Auftrag, mich von Mamamaus zum etwas entfernt liegenden Händler chauffieren zu lassen, das neue Gefährt in seine Besitztümer zu überführen und ihn ins Fahren einzuweisen. Da Opi wusste, daß ich schon einmal den Trabi von Freunden aus der ‚Zone' gefahren war und außerdem auch schon mal auf einer Schwalbe und in einem Wartburg gesessen hatte und mich folglich im Schlaf damit auskennen musste, war ich zur Fahrzeugsachverständigen berufen worden.

Während der Überführungsfahrt sicherte Mamamaus mir Flanke und Heck, ich fuhr voraus und erforschte die Geschwindigkeitsgrenzen des ostdeutschen Kollektivgefährts. Bergab mit 125 Sachen auf der Bundesstraße fing das Mobil aus unerfindlichen Gründen zu spotzen an. Nach anfänglicher Verwunderung erinnerte ich mich an den umzulegenden Reserveschalter für die Spritleitung, von dem mir die befreundeten „Ossis" erzählt hatten und begann, unterhalb des Armaturenbrettes zu suchen – von außen betrachtet fuhr der Trabbi seine 125 Sachen eine ganze Weile per Autopilot.

An diesem heißen Sommertag etwas ins Schwitzen gekommen, befleißigte ich mich rasch, die Lüftung anzustellen und stellte an der später angesteuerten Tankstelle fest, daß die Heizung kühlte und die Lüftung heizte.

Dieses Problem war nicht zu beheben, dafür gelang mir jedoch die komplizierte Rechnung von 33 Litern Normalbenzin je einem Liter Öl, umgelegt auf rund 20 Liter Tankinhalt, die ich dem Wagen zuführte, indem ich die Motorhaube öffnete, unter welcher sich der Tank samt Einfüllstutzen eines Trabant 601 befindet.

Während brave Bürger der damaligen DDR den Trabant für den Nachwuchs schon zuletzt zu deren Geburt bestellen mussten, damit er zur Volljährigkeit bereit stand, unternahmen Omi und Opi bereits wenige Tage nach ihrem Kaufentschluß einen Sonntagsausflug in ihrer neuen Karosse und suchten uns heim… äh: besuchten uns daheim.

Auf der sagenhaften Entfernung von circa einem Kilometer zwischen ihrem Haus und unserem Haus konnte der Motor natürlich nicht warm werden und so ließ Opi den Kaltstartschalter einfach gleich drin.

Nachdem wir dann gemeinsam Kaffee getrunken und Opi ein paar Geschichten von der Ostfront entlockt hatten, schickten die beiden sich an, die Heimreise anzutreten, selbstverständlich mit viel Umarmungen und Herzlichkeiten. Da verstand es sich von selbst, daß die Familie auf der Straße stand und zum Abschied winkte – hustend und röchelnd in der Zweitaktwolke.

Da die Verbrennungsrückstände des Trabant 601 heutzutage europäischen Emissionsgesetzen kaum mehr entsprechen dürften, ist es beruhigend zu wissen, daß die europäische Gesetzeslage für Oldtimer Ausnahmen macht.

9 Bananen

Während Opi mich vom Tage der Überführung an zu seinem persönlichen Mechanikerexperten, Fahrschullehrer und Ostfahrzeugspezialisten mit Früh-, Spät- und Nachtschichten erklärt hatte, baute das Familienoberhaupt getreu seiner Pioniergesinnung für sein Versicherungsunternehmen eine Filiale in Dresden auf. Einige Wochen sollte das Abenteuer in Dresden noch dauern, danach sollte das Familienoberhaupt eine Filiale in Waren an der mecklenburgischen Seenplatte aufbauen und dauerhaft leiten.

Zum Zeitpunkt der Maximalerfolge eines jeden Hotelbesitzers in größeren Städten der früheren DDR (unter Ermangelung einer ausreichenden Anzahl normalen Standard versprechender Gebäude kostete ein drei-Sterne-Hotelzimmer ab 300 DM pro Nacht und Nase aufwärts, also etwa 350 % des Normalpreises) war das Familienoberhaupt gezwungen, die ersten Wochen in einem flugs vom Betrieb angemieteten Wohnwagen zu übernachten, bis er schließlich bei einer sympathischen älteren Dame in Dresden ein Zimmer zur Untermiete fand, wo ihm und seiner weltmännischen Gestalt derart viel Sympathie entgegengebracht wurde, daß er sich angewöhnte, sicherheitshalber zur Nacht sein Zimmerchen abzuschließen. Viel Zeit verbrachte das Familienoberhaupt allerdings sowieso nicht in seinem Zimmer, denn wenn er nicht arbeitete, fuhr er meist entweder auf eine Erhebung um Dresden herum, auf der er dann endlich Empfang für sein mobiles Autotelephon hatte – diesen Vorgänger heutiger Handys benötigte er dringend, denn Festnetzanschlüsse gab es in den neuen Bundesländern bisher kaum und wenn, dann brach die Verbindung rasch zusammen oder er stellte sich als sieben- oder achtundzwanzigstes Auto in die Schlange vor einer der wenigen Tankstellen, und wenn es kein guter Tag war, war der Sprit gerade alle, bevor er an die Reihe kam.

Das Wochenende, an dem das Familienoberhaupt freitags abends nach Hause kam, wurde zu einem echten Highlight, denn dann saßen wir alle am großen Esstisch und lauschten seinen vielen Abenteuern und bestaunten die in Zigarettenschachteln mitgebrachten Kakerlaken aus dem ostdeutschen Fernheizungssystem, wobei hier anzumerken ist, daß eine Dresdener Nachbarin des Familienoberhauptes ihm erläutert hatte, wieso man in den neuen Bundesländern dieses Problem mit den Schaben hatte: „Kakerlaken mögen gern Süßes, das weiß doch jeder! Und ich sage: Mit Euren Bananen kamen auch die Kakerlaken!"

Besonders spannend wurde es für mich immer am Samstagvormittag, wenn das Familienoberhaupt mir seine Autoschlüssel in die Hand drückte und mich mit seinem weißen 5er BMW zur Waschanlage schickte, wo ich regelmäßig vom Chef der Tankstelle nach einem langen, traurigen Blick auf den Wagen mit den tadelnden Worten: „Na, war der Papa wieder im Osten?" begrüßt wurde.

Der Fairneß halber sei hier bemerkt, daß die Gegenden um Dresden, Leipzig, Halle, Schwarze Pumpe usw. herum nicht repräsentativ für die damaligen neuen Bundesländer standen, die beispielsweise mit der Mekelbörgischen Seenplatte auch viele landschaftlich idyllische „Territorien" zu bieten hatten, die sich in den folgenden Jahren rasch als touristische Geheimtipps entpuppen sollten.

Für Westbesucher klang es anfangs etwas seltsam, wenn man sie im Urlaub aufforderte, doch mal einen „Ausflug ins Territorium" zu machen und sie mögen sich gefragt haben, welcher Truppenübungsplatz denn
besichtigt werden sollte, aber bald lernten sie mit Territorien, Kadern und Broilern umzugehen.

10 Auszug nach Neufünfland

Nach einem ausgedehnten Bootsurlaub auf der Mecklenburger Seenplatte im folgenden Sommer hatten Mamamaus und das Familienoberhaupt sich entschlossen, das dreckige Nachwendedresden hinter sich zu lassen und mitten in die malerische Schönheit Mecklenburgs nach Waren zu ziehen, wo ebenfalls eine Filiale der Konservativia Versicherung AG gegründet werden sollte. Da ich bereits flügge geworden war, wurde also nur noch mein Bruder umgezogen, der ab sofort an seinen mangelnden Russischkenntnissen zu knabbern hatte und sich im Sportunterricht im Handgranatenweitwurf übte, der sich 1992/3 noch nicht so ganz aus den ehemals sozialistischen Arbeiter-Lehrplänen geschlichen hatte.

Während dessen lernte Mamamaus mit einem unter dem Rasen der neuen Behausung verankerten Fäkalientank anstelle einer Kanalisation umzugehen und als dieser wieder einmal wegen Überfüllung überlief und Mamamaus mit dem Zweitgeborenen spät nachts mit einer Handpumpe den Garten von den übergetretenen Fäkalien pumpend befreien musste während das Familienoberhaupt auf dienstlichen Reisen war, definierte sie ihrem Angetrauten tags darauf, wie weit ihre Liebe zur Natur ganz genau gehe und wie weit nicht. Möglicherweise hat sie das eine oder andere leise, liebevolle Wort über die zu erwartenden Konsequenzen verloren, denn ein paar Monate später begann das Familienoberhaupt wiederum zu bauen, und zwar in der gleichen Straße, nur ein paar Meter weiter vorn, dort wo die Straße geteert war und gerade Kanalisation gelegt wurde.

Vom Moment des Einzugs in das neue Heim begann Mamamaus' Liebe zu Mecklenburg-Vorpommern.

51

Nachdem das Familienoberhaupt, der handgranatenweitwurfgestählte Sohnemann und ich Kommoden, Kleiderschränke, Teppiche, Kisten usw. die Straße heruntergetragen und in das an die Kanalisation angebundene, neue Luxusdomizil verbracht hatten, bis es dämmerte und Mamamaus mit dem Wiederaufbau häuslicher Ordnung beschäftigt war während das Familienoberhaupt seine müden Heldenmuskeln im Fernsehsessel entspannte, klingelte es an der Tür und ein weiteres handgranatenweitwurfgeübtes Exemplar jugendlicher männlicher Evolutionsspitze aus der Schulklasse meines Bruders überraschte uns mit einem Besuch. Ich öffnete die Tür.

„Na, was macht ihr heute Abend?"

„Puh, laß mal stecken, wir sind total groggy."

„Ach, was! Wart ihr eigentlich schon mal auf dem alten Russenflugplatz?"

„Alter Russenflugplatz?", fragte ich. „Alter Russenflugplatz?", hakte der kleine Soldat nach, der inzwischen auch in den Flur gekommen war, wo ich mit seinem Kumpan stand.

„In Lärz, der wurde noch von Adolf gebaut", glänzte das Familienoberhaupt mit Wissen aus dem Nebenraum.

„Das stimmt, Herr Bärwald, sie kennen sich aber aus!", staunte Steven Sturm (der tatsächlich Steven Sturm heißt, aber es ich habe im Laufe meiner Verheimatung in Neufünfland auch eine ganze Anzahl von Ringos und Elvis´ und ähnlichen interessanten Namen kennengelernt; bei den Mädchen waren französische Vornamen wie Jacqueline beliebt, wahrscheinlich weil man lieber ein klitzekleines bißchen Westflair ins Land holte als gar keines).

Nun wurde ich neugierig: „Und kann man da einfach so rauf, oder ist der abgesperrt?"

„Nee, das ist ja das tolle, da kannste rauffahren", sah Steven uns beide auffordernd an.

Keine Minute später saßen wir in meinem alten studentisch-verbeulten 315er BMW, einem Ölkrise-Sparmodell aus den 70ern mit nur 75 PS, liebevoll Hugo genannt, und waren auf dem Weg zum benachbarten Flughafen, der ungenutzt war, seit die russischen Soldaten 1991 den Standort aufgegeben hatten.

Etwas außerhalb des kleinen Ortes lagen mitten im Nichts und ohne Beleuchtung links und rechts zwei riesengroße Felder, hätte man von außen vermuten können, aber das rechte war der alte Flughafen. Ich hielt an, Steven und der kleine Soldat stiegen aus und schoben das schwere Tor beiseite, stiegen wieder ein und Steven dirigierte mich zum Rollfeld.

„Da musste jetzt aber gleich ordentlich Gas geben!"

„Wie lang ist denn die Landebahn?"

„Ach, bestimmt zwei Kilometer, hier kannste richtig heizen!"

„Ja, zeig mal, was Hugo so hergibt", feuerte mich auch mein Bruder an und langsam begann es im rechten Fuß zu kitzeln.

„Meint ihr? Is ja doch ganz schön dunkel…"

„Ach was! Machste Fernlicht an, du hast doch `n anständiges Westauto!"

Wir standen am Anfang der Landebahn, der Motor lief, das Fernlicht war an, die Nacht trotzdem sehr schwarz und vielleicht die ersten 150 Meter der Bahn zu erkennen. Und es kitzelte im Fuß.

Mit einem diebischen „Okay!!" zeigte ich den Jungs an, daß es jetzt bärig losgehen würde und gab Vollgas, im ersten bis 45, im zweiten bis 80, wir wurden in die Sitze gedrückt und waren unsterblich und oberhammergeil, bei 120 schaltete ich in den vierten. Als wir 170 auf der Uhr hatten, fragte

Steven: „Boah! Wieviel bringt der denn noch an Endgeschwindigkeit?" und fügte beiläufig hinzu: „Ach, übrigens, paß ein bißchen auf wegen der Reifenstecher."

Vollbremsung aus 170 km/h. Ich stand mit meinem ganzen Gewicht auf der Bremse. Bis der Wagen stand. Dann fragte ich Steven: „Was meinst du mit ‚Reifenstecher'"?

„Na ja, das sind so Metallspitzen, die aus dem Boden kommen, damit die Flugzeuge nicht über die Rollbahn hinaus rollen."

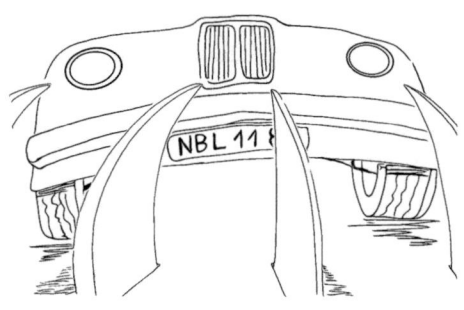

Ich stieg aus und ging nach vorn, am Ende des Fernlichts sah ich sie. Knapp. So, wie meine Eltern sich über das neue Haus freuten, freute ich mich an diesem Tag über die Intaktheit von Auto und Gesundheit.

11 Studieren im Osten

Als die Familie 1992 gerade nach Neufünfland gezogen war, saß ich zusammen mit knapp 100 anderen jungen Leuten an einer Uni in Baden Württemberg in einer Vorlesung zur Betriebswirtschaftslehre. Meine vier Buchstaben wurden langsam kalt vom Sitzen auf den Treppenstufen und ich verstand ungefähr jedes dritte Wort, das aus dem Lautsprecher neben mir blechern gellte. Zwei Tage zuvor war ich von meinem ersten Besuch in meinem neuen mecklenburgischen Elternhaus zurückgekehrt und wog gerade die Vor- und Nachteile von Ofenheizungsaltbauwohnungen mit Toiletten eine halbe Treppe tiefer und Lehrveranstaltungen mit drei Personen ab.
Am Ende der Vorlesung hatte ich meine Entscheidung getroffen, besprach sie im folgenden mit meinen Eltern, packte meine sämtlichen Sachen und verstaute sie am folgenden Wochenende in einem gemieteten Transporter.
Am Samstag war ich auf der Autobahn, am Sonntag suchte ich in Greifswald eine Wohnung und am Montag fuhr ich das erste Mal zu meiner neuen Uni.

An meinem ersten Tag mußte ich mich erst einmal einschreiben und parkte meinen Hugo auf dem Sandplatz bei der Kirche vor dem Hauptgebäude in der Domstraße, mit einem Rad auf Sandkies, mit der anderen Seite auf einem ausgelatschten, 30 Zentimeter breiten Trampelpfad. Dann schnappte ich mir alle meine Unterlagen und ging ins Amt für studentische Angelegenheiten.

Als ich das fünfzehn Minuten später wieder verließ, klebte an meiner Windschutzscheibe ein Ticket wegen „Parkens auf dem Gehweg"!

Grummelnd machte ich mich auf den Weg in die Steinbecker Straße, denn in der Nummer 15 mußte das Institut für Anglistik sein. Ich ging an der 11 und an der 13 vorbei und der nächste Altbau trug zwar keine Hausnummer, war aber auch eine Abrißbude, außerdem war die Tür verschlossen. Dann suchte ich auf der anderen Straßenseite. Nach einer Weile fragte ich mich, ob da vielleicht ein Druckfehler im Vorlesungsverzeichnis sein könnte. Gerade in dem Moment ging die Tür der Abrißbude auf und Studenten traten auf die Straße. ‚Hm, das kann doch nicht sein... oder doch?' fragte ich mich in Gedanken, ging über die Straße, warf mich gegen die Tür, die einfach nur geklemmt hatte und stand im Institut für Anglistik, das über drei Etagen ging und dessen dritte Etage immer nur einer erklimmen durfte, der pfeifen mußte, wenn er die Treppe verlassen hatte, damit der nächste kommen konnte, weil die Treppe baufällig war, aber das sollte ich erst viel später erfahren. Zunächst blieb ich im Erdgeschoß und meldete mich dort auch noch einmal an. Ich klopfte an die Tür und öffnete sie vorsichtig – „Kommen Sie nur herein, Frau Bärwald!" „Guten Tag. Äh, Sie kennen mich?" „Aber ja, Sie sind uns doch schon bekannt" grinste sie mich an. War ich tatsächlich der erste Wessi hier?

Als ich aus der Tür des Instituts trat, sah ich gegenüber einen Bäcker. Ich brauchte jetzt auch wirklich ein bißchen Nervennahrung.

„Guten Tag."
„Hallo. Was darf's denn sein, junge Frau?"
„Ein Berliner, bitte."

Und während die Frau mich vor ihrem geistigen Auge in einen Hauptstädtler beißen sah, fragte ich mich, warum sie mich so verwirrt anschaute.

„Wie bitte?"

„Na.." ich suchte. „So einen da!"

„Ach, sie wollen einen Pfannkuchen."

‚Okay" dachte ich, ‚auch gut.' „Warm machen müssen Sie ihn aber nicht extra."

„Warm??" fragte sie mich entgeistert, worauf mein allererstes Lernerlebnis über neufünfländisches Wortgut begann, das mit „Pfannkuchen" und „Broiler" begann und Jahre später bei „Dederon" aufhörte (DeDeRon – die DDR-Variante von Perlon oder Nylon).

Nach der Stärkung beschloß ich, daß es für heute gut sein sollte und fuhr heim in meine neue Studentenbude, die ich bei einem älteren Ehepaar unterm Dach hatte anmieten können, beiläufig bemerkt übrigens zu einem unzweifelhaft kapitalistischen Mietzins. Ich blätterte im Vorlesungsverzeichnis und bastelte mir meinen Stundenplan zusammen. Als ich am frühen Abend damit fertig war, wurde mir ein bißchen langweilig. Ein Radio hatte ich noch nicht, der alte Gemeinschaftsfernseher zeigte meiner Mitbewohnerin gerade „Die Lindenstraße", nebenbei pflegte sie beim Bügeln FDJ-Liedgut. Nun, das war eigentlich die Gelegenheit, die studentische Infrastruktur mal ein bißchen zu erkunden. Ich wußte zwar noch nicht so genau, wo ich hinwollte, aber entweder in eine nette Kneipe oder ins Kino.

Erst mal galt es in Erfahrung zu bringen, was heute Abend überhaupt für Filme liefen. Also stiefelte ich kurz zu meinen Vermietern die Treppe herunter.

„Dürfte ich mal Ihr Telephon benutzen?" Das Handy-Zeitalter war ja noch nicht angebrochen.

„Telefon?"

„Ja, ginge das bitte ausnahmsweise mal?"

„Na ja, wir haben noch kein Telephon, aber es gibt eins im Dorf. Da müssen sie jetzt nach links rausfahren und dann rechts auf die Hauptstraße und an der großen Kreuzung steht es dann rechts unter der Linde."

„Äh, oh, ja dann, haben Sie vielen Dank!"

Ich dachte, ich steh im Wald. Aber: Ein Mann, ein Wort, oder auch: Eine Frau, ein Plan! Ich wollte ins Kino und Punkt. Also stand ich zehn Minuten später in Telefonzelle im Dorf und fragte nach der Kinoansage.

„Kinoansage Greifswald, sagen Sie?" frage die freundliche Dame von der Auskunft. „Wir haben in Greifswald keine Kinoansage verzeichnet."

„Und das Kino selbst?"

„In Greifswald ist kein Kino verzeichnet."

„Vielleicht unter Cinema?"

„Nein, auch nicht."

„Und wenn Sie unter Lichtspieltheater suchen?"

„Augenblick, bitte… Nein, tut mir leid."

Ich fuhr wieder zurück. Meine Vermieter waren ganz verdattert.

„Natürlich gibt es ein Kino in Greifswald. Das ist in der Langen Reihe, aber die Hausnummer weiß ich jetzt nicht.

Ja, das Theater der Freundschaft gibt es doch schon lange."

‚Theater der Freundschaft?! Na, kein Wunder', irgendwie mußte ich doch schon in mich hineinschmunzeln, als ich wieder auf dem Weg zur Telefonzelle war.

Nun konnte mir das Fräulein von der Auskunft auch die Rufnummer des Lichtspieltheaters mitteilen, eine Ansage gab es auch, aber immerhin noch eine persönliche:

„Theater der Freundschaft. Guten Abend!" gellte die Stimme einer im Streß stehenden, älteren Dame aus dem Hörer.

„Hallo. Was für Filme laufen denn heute Abend?"

„Wir haben nur einen Saal. Am Mittwoch ist aber immer Tag des besonderen Films."

„Ah ja, und was läuft heute?"

„Heute läuft Indipenndidai."

„Wie bitte?"

„Na, Indipenndidai!", kam es jetzt schon etwas entnervt.

Ich überlegte fieberhaft und wollte eben nachfragen, da fiel es mir auf.

„Äh, was – Ach so! Und wann fängt Indipenndidai an?"

„Um acht."

„Okay, vielen Dank."

Klick.

Am Abend sah ich begeistert Roland Emmerichs Meisterwerk „Independence Day" in einem Kino, in dem man sogar noch rauchen durfte.

INDIPENNDI DAI

Theater der Freundschaft
20:00 Uhr

12 Überholen ohne Einzuholen

Im Sommer bin ich bei meinen Eltern zu Besuch, d.h. eigentlich bei Mamamaus, aber wo sie ist, ist eben auch das Familienoberhaupt, aber dieses hatten wir am Abend zuvor davon überzeugen können, jetzt doch mal wieder zur Arbeit zu gehen, nachdem er sechs Wochen wegen Pfeifens im Ohr krankgeschrieben gewesen war, zu Zwecken der Genesung weitere drei Wochen Urlaub genommen und sich im Anschluß die Frage gestellt hatte, ob er eventuell wegen Tinitus´ berufsunfähig werden würde oder ob sich durch eine Kur noch etwas retten ließe. Als ich ankam und wir abends beim Grillen saßen, war er gerade vom Vorstand darüber unterrichtet worden, daß man für die Zeit seiner tragischen Erkrankung einen jungen Ersatz einstellen wollte. Also habe ich ihm geraten, seinen väterlichen Hintern allerschnellstens ins Büro zu befördern, was er tags darauf dann auch tat. Jetzt mussten Mamamaus und ich uns die Zeit allerdings ganz alleine vertreiben... Westdeutsche Manager sind eben oft ein wenig exzentrisch, kleine westdeutsche Manager umso mehr.

Am nächsten Morgen, als Mamamaus vom Einkaufen heimgekommen war, schnappte ich mir zu Zwecken der Erreichbarkeit mein Handy und lud Mamamaus auf's Tretboot ein und wir trampelten raus auf's Wasser.

„Ach, Mamamaus, ist das nicht ein wunderbarer Landstrich?"

„Das kannste wohl sagen, und ein herrliches Wetter!"

„Hm, stimmt, ich glaub, ich spring gleich mal ins Wasser."

„Mach das, Kind. Ich sitze hier und schau dir zu."

Ihre Kamikaze-Entscheidung von vor fast einem Vierteljahrhundert beinhaltete auch, mit ihm die Freude am Wassersport zu teilen, ohne je das Schwimmen erlernt zu haben.

61

Leider hatte ich nicht viel Zeit für ein herrliches Bad in der wunderbaren Müritz, denn es galt für die kleine Grillfeier am Abend noch einiges vorzubereiten. Das Familienoberhaupt hatte sich zur Gewohnheit gemacht, zur Förderung der Einfügung in die neue Heimat regelmäßig die Nachbarn einzuladen. Die mochte Mamamaus wohl auch leiden, aber die dauernde Feierei ging ihr auf den Geist. Sie wünschte sich woandershin und ich hatte auch keine große Lust zurückzustrampeln.

„Jetzt muß ich aber langsam los", sagte Mamamaus „schwimm, Kind, Amerika ist weit!" grinste sie mich an.

Am Nachmittag betraute Mamamaus das Familienoberhaupt mit Mannesaufgaben im Garten wie Gartenstühle und – tische aufstellen und überdachen, Bierkästen von hier nach da tragen, Grill aufstellen etc., denn für den Abend waren einige Nachbarn eingeladen und wir hatten im Haus gerade keine Störung der Vorbereitungen nötig.

Ab 19 Uhr kamen allmählich die Gäste ins Haus, Nachbar Ecke mit Frau, Dr. Weser mit Begleitung, Familie Bayer hatte abgesagt, aber dafür erfreuten uns die Ärztin Gurk mit ihrem Mann, der örtliche Dachdecker, das ebenfalls kürzlich aus dem Westen zugezogene Pärchen im Alter meiner Eltern namens Kiesecke und der hiesige Yachthafen-Inhaber, obgleich der Begriff Yachthafen 1993 noch ein klein wenig hochtrabend war für eine Ansammlung sanierungsbedürftiger Stege ohne Clubhaus und die gängigen Vornehmlichkeiten, aber immerhin lag der kleine Hafen mitten im touristischen Hauptgebiet der Mecklenburgischen Seenplatte und verfügte sogar schon über sanitäre Anlagen.
An diesem lauen Sommerabend wurden genüsslich Würstchen, Steaks und Salat gegessen, ehe man allmählich ins Gespräch kam, nicht ohne Zuhilfenahme norddeutschen Klarens in allen Varianten, aber nie unter 40 % Akoholgehalt.
Während das Familienoberhaupt und Herr Dr. Weser sich Geschichten aus den harten Zeiten des Militärdienstes bei Bundeswehr und NVA vorräuberten und sich gegenseitig im Heldentum zu übertreffen versuchten…
Das Familienoberhaupt: „Ihr hättet uns überrannt!"
Dr. Weser: „Jaaa… dat glob ick woll och."
Das Familienoberhaupt: „Aber dafür wären eure Panzer auf halber Strecke verreckt, ihr hattet ja nicht mal das Geld für den Sprit!"

… und sich bei einander sehr beliebt machten, tuschelten die anderen Gäste mit Mamamaus über Dr. Wesers politische Vergangenheit und wie welche Freundschaften von damals her schon zusammenhingen.

Mamamaus: „Ich finde es nicht grundsätzlich problematisch, wenn Leute sich in der SED engagiert haben. Sonst konnte man ja auch schlecht was werden."

Nachbar Gurk: „Das ist wahr. Ich war auch drei Jahre in der Armee, sonst hätte ich schlicht nicht studieren können. Und unsere NVA ist schon ein bißchen was anderes gewesen als die Bundeswehr.

Da hattest du schon Glück, wenn du einmal im Quartal ein Wochenende nach Hause durftest."

Mamamaus: „Außerdem waren ja auch qualifizierte Leute dabei, und auf die konnte man nach der Wende oft auch nicht verzichten."

Nachbar Ecke: „Ja, viele haben ihre Kontakte auch nutzen können, um wieder irgendwo hoch zu kommen."

Hafenbesitzer: „Will mal sagen, das ist wohl wahr, aber nicht immer schön."

Das Familienoberhaupt kommt hinzu: „Manche haben auch ganz schnell vom ehemaligen kapitalistischen Feind gelernt

–

Ich: „… und scheuen sich nicht, heute ihre eigenen Landsleute auszubeuten."

Allgemein zustimmendes Gemurmel.

Das Familienoberhaupt: „Firma gründen, 80 % Lohnkostenzuschuß für die Einstellung von Arbeitslosen einsacken und mit denen einen Vertrag über 100 % machen, aber nur 80 % bezahlen."

Der Dachdecker und Dr. Weser enthielten sich einer Stellungnahme.

Nachbar Ecke: „Hm. Irgendwie ist es aber auch verständlich, daß es versucht wird, schließlich hattet ihr euer

Wirtschaftswunder und bei uns haben die Russen von zwei Bahnschienen eine abgebaut und mitgenommen. Die haben ganze Fabriken in Russland wieder aufgebaut, die sie von hier mitgenommen haben."

Familienoberhaupt: „Diese Reparationszahlungen haben euch wirklich ausgelaugt, Gott sei Dank hatten wir den Marshall-Plan, aber trotzdem glaube ich nicht, daß man 50 Jahre Wirtschaftswunder in zehn oder fünfzehn Jahren einholen kann."

Mamamaus: „Auf jeden Fall ist es richtig, daß die ostdeutsche Wirtschaft unterstützt wird. Da bleibt es nicht aus, daß es auch Leute gibt, die die Möglichkeiten missbrauchen. Das haste immer."

Ärztin Gurk: „Mich befremdet ja bloß immer, daß so viele Leute aus dem Westen glauben, sie zahlen als einzige den Soli."

Ich: „Es muß eben auch Dumme geben."

Das Familienoberhaupt: „Noch jemand nen Klaren? Oder ein Bier?"

Ja, natürlich! Meckelbörger sind trinkfest und haben Sitzfleisch, übertroffen nur von den Vorpommern.

Der Hafenbesitzer, mit einem beiläufigen Griff an Mamamaus rechtes Knie (das linke war schon vom Dachdecker belegt), während das Familienoberhaupt ausschenkte:

„Haben Sie sich denn schon gut eingelebt? Sie sind doch jetzt bald ein Jahr hier, nicht wahr?"

Mamamaus: „Ach ja, ganz wunderbar! Ich habe ja nicht erwartet, daß ich mich so rasch wohl und vor allem Zuhause fühlen würde. Mein Mann braucht da vielleicht noch ein bißchen länger, obwohl er in seiner Firma auch gut angekommen ist und respektiert wird, aber ich bin ja ursprünglich Norddeutsche. Sehen sie, mein Vater kommt aus Bremen, und da bin ich hier sehr artverwandt untergekommen", lächelte sie ihn an.

„Lenchen, hol mal ein paar Flaschen Wein aus der Küche, der ist ausgegangen!" sagte das Familienoberhaupt zu Mamamaus und bemerkte nicht, wie verwundert die männlichen Gäste und wie pikiert die weiblichen Gäste des Abends diese Bemerkung aufnahmen.

Nachbar Eckes Frau: „Waren sie eigentlich mal berufstätig, liebe Frau Bärwald?"

Mamamaus: „Ja, das war, ehe meine Kinder geboren wurden. Danach bin ich dann Zuhause geblieben."

Eckes Frau: „Und hat ihnen den da nichts gefehlt?"

Mamamaus: „Nein, ich war immer gern für meine Kinder da."

Ärztin Gurk: „Also, ich würde mich ja nicht ganz wohl fühlen, wenn ich kein eigenes Geld zur Verfügung hätte."

Mamamaus: „Ach, mein Mann ist da großzügig. Ich habe, was ich brauche."

Das war auch großzügig formuliert. Ich konnte nicht umhin, ein bißchen was von der Wahrheit anzudeuten:

„Nun, als meine Mutter noch als Politesse arbeitete, brauchten meine Eltern das Geld auch für ihr erstes Haus. Da mein Vater als Kaufmann viel vom Umgang mit Geld versteht, hatte er die Verwaltung übernommen."

Frau Kiesecke, ihres Zeichens Künstlerin und 68er-Veteranin: „Lea, das darfst du dir aber nicht gefallen lassen! Wofür haben wir denn 68 gekämpft?!"

Mamamaus: „Oh, ich habe 68 nicht gekämpft. Ich wohnte zwar in der Nähe einer Großstadt, aber mein Vati hat mich vor solchen sozialkritischen Bewegungen immer sehr abgeschirmt."

„Das kann ich mir vorstellen", knurrte Frau Kiesecke.

An den Gesichtern der Damen erkannte ich, daß es so mit der armen Lena nicht weitergehen konnte.

In den folgenden Jahren nahm frau sich ihrer an, lud sie zu verschiedenen Veranstaltungen ein und flößte ihr gezielt emanzipiertes Selbstbewußtsein und Unabhängigkeit ein, nicht zuletzt durch die Einladung, sich parteipolitisch zu engagieren, was eigentlich nie ihre Sache gewesen war, dafür war das Familienoberhaupt zuständig. Sich aber für ein Land einzusetzen, das Mamamaus nach so langem Exil im Katholizismus endlich gefunden und für sich zur Heimat bestimmt hatte, das tat sie sehr gern.

Jahre später hatte Mamamaus mit ihrem einmaligen norddeutschen Charme ihre neue, mecklenburgische Heimat erobert, war zur kommunalen Vorsitzenden einer großen politischen Partei gewählt worden und schickte sich zur Bürgermeisterkandidatur an. Das Familienoberhaupt musste sich erstmals mit der Situation anfreunden, daß sein hausfrauliches Eheweib ihn übertreffen könnte, da machten die beiden einen romantischen Spaziergang über das Eis des kleinen Sees, der sich vor ihrer Gartentür auftat und durch den sie nur von einer kleinen Brücke getrennt waren, die am Übergang zwischen dem Kanal, an dem sie wohnten, und dem See stand. Älter waren sie geworden, ruhiger und friedlicher und sie spazierten in friedlicher Eintracht über den gefrorenen See nach Hause.
Als sie der Brücke näher kamen, wollte Mamamaus lieber wieder auf die Straße gehen und die letzten Meter über festen Grund und da kamen sie ins Streiten.
„Jetzt komm schon mit, das Eis hält."
„Und wenn ich nicht? Ich kann doch nicht schwimmen."
„Quatsch, das zeigt wieder, daß Frauen von so was keine Ahnung haben."

„Das Eis unter der Brücke ist bestimmt dünner."

„Was Du wieder für einen Blödsinn erzählst!" sprach's und marschierte forschen Schrittes, wie zum Trotz weiter während Mamamaus, bockig und stur wie sie nun einmal so sein kann, schlicht keinen Schritt mehr tat und – knirsch, krach, da brach das Eis und das Familienoberhaupt war weg. Bei seinem sprichwörtlichen Glück tauchte er wenig später an genau der gleichen Stelle wieder auf, eben hier war das Wasser recht flach.

... und Mamamaus war so froh, daß sie, kaum zu Hause angekommen und das Familienoberhaupt trockengelegt, sofort alle Verwandten und Bekannten anrufen musste, um ihnen von seinem ‚kleinen Mißgeschick' brühwarm jedes Detail zu berichten...das die emanzipierten Frauen von dem kleinen Westmanager gern mit größter Freude aufnahmen.

13 Das Gesellenstück

Das Familienoberhaupt ist manchmal ein bißchen deutlicher als es ihm steht. Er gilt im Bekannten- und Kollegenkreis als ungewöhnlich charmanter Mann. Da das Familienoberhaupt ein bißchen zu klein geraten ist, gleicht er die mangelnde Imposanz seiner Körpergröße eben mit Ausstrahlung aus. Wer sich aber den ganzen lieben langen Tag hindurch, jahrein, jahraus anstrengen muß, um die von der Natur gegebene Ungerechtigkeit auszugleichen, der ist natürlich der Auffassung, daß man sich dann wenigstens Zuhause entspannen kann und sich gelegentlich gehenlassen darf. Schließlich wird man da doch so geliebt, wie man ist. Es konnte früher also häufiger mal geschehen und passiert auch heute hin und wieder noch, daß ein schlechter, wirklich ganz schlechter Tag des Familienoberhauptes im Büro zufällig zusammenfiel mit einem süßen Zahn von Mamamaus.
Dann nämlich hatte Mamamaus den Abendbrottisch für das Familienoberhaupt (aber doch nicht ganz nur für ihn) besonders üppig und mit großer Auswahl gedeckt und aß nicht wie sonst nur ein paar Stückchen Obst, sondern nahm sich eine Scheibe Brot. Dann fragte das Familienoberhaupt, gelegentlich liebevoll „der Alte" genannt: „Reicht's noch nicht? Haste nicht schon genug Rollen?" und wenn sich Mamamaus dann – schon aus Prinzip! – für eine Handvoll Erfrischungsstäbchen zum Nachtisch entschied, folgte regelmäßig die taktvoll formulierte Frage: „Bist du nicht schon dick genug?"

Da Mamamaus sich nun aber trotz einiger früher Versuche doch nicht wirklich von dem Familienoberhaupt trennen wollte (ob dies nun auf ihr liebevolles Wesen oder ihre Neigung zur Bequemlichkeit zurückzuführen ist, bleibt wahrscheinlich ihr Geheimnis – das Familienoberhaupt jedenfalls ist überzeugt, es zu wissen und tippt auf die Liebe), hat Mamamaus etwa im dreißigsten Jahr dieser Ehe, der zum Zeitpunkt der Eheschließung niemand auch nur dreißig Tage gegeben hatte, eine gewisse Gerissenheit entwickelt – die das Familienoberhaupt im Jahre 1992 initiiert hatte, ohne sich dessen bewußt gewesen zu sein: In diesem in Familienkreisen berüchtigten Jahr neuer elterlicher Zeitrechnung kam es zum zuvor erwähnten, einschneidenden Ereignis. Mamamaus geriet erstmals in Kontakt mit einer neuen, sagenumwobenen und unerhört frechen, emanzipierten Spezies: den Ostfrauen.

Nachdem Irmchen, Mamamaus' beste Westfreundin, Mamamaus zuvor schon vorgeführt hatte, mit welch flinken und unauffälligen kleinen Handgriffen aus einem Haushaltsbuch *das Schummelbuch* wurde, führten Mamamaus' neue Nachbarinnen – die emanzipierten Ostfrauen – sie alsbald in die höheren Weihen weiblichen Ehedaseins ein. Mamamaus, die schon in der Schule immer sehr wißbegierig gewesen war, erwies sich als ungewöhnlich gelehrige Schülerin, die ihre Lehrerinnen bald übertreffen und mit den Berichten von ihren Praxis-Lernerfolgen glänzend unterhalten sollte. Insbesondere ihr Gesellenstück, die Honig-Marmeladen-Rahmkäse-Diät ging in die Annalen modernen weiblichen Ehedaseins ein.

Mamamaus und das Familienoberhaupt waren von der Haute Volée ortsansässiger ostdeutscher Gesellschaft zu einer kleinstädtischen Festveranstaltung des örtlichen Faschingsvereins geladen worden und das Familienoberhaupt hatte nach kurzer Diskussion beim Abendessen geistreiche Kostümierung verfügt: Man besaß ja noch die anläßlich eines Bootsurlaubes in Ostfriesland anno 1985 erworbenen Fischerhemden – da fehlte nur noch eine maritime Hose, ein schmuckes Tuch und ein schmissiger Elbsegler!

Zwar hatte das Familienoberhaupt das Abendessen zum Anlaß genommen, Mamamaus in seiner gewohnt taktvollen Weise auf das gänzlich überflüssige und aus Völlerei motivierte Fett am eheweiblichen Bauche hinzuweisen, doch war Mamamaus in ihrer gewohnt versöhnlichen und liebevollen Art lieber auf die Fischerhemden als auf andere Gesprächsinhalte eingegangen und bestätigte ihrem ideenreichen und überhaupt brillanten Angetrauten die Grandiosität seiner Kostümierungsidee unter schmeichelhaftestem Lächeln und einem beiläufigen Streicheln seines kaum noch behaarten Denkerhauptes.

Um ihm ihre Bewunderung und Begeisterung zu veranschaulichen, begab sie sich sogleich ins eheliche Schlafzimmer an den dortigen Spiegelschrank, aus dem sie flugs zwei Fischerhemden hervorzauberte, das eine überwarf, den geliebten Gatten rief, ihn vor den besagten Spiegelschrank bugsierte und ihm das für ihn gedachte, eben frisch gebügelte Hemd hinhielt. Der Gatte allerdings staunte doch sehr:

„Schatz! Also, wenn ich das bedenke – fast fünfzehn Jahre ist es her, daß wir diese Hemden gekauft haben und nun schau sich das einer an: da fällt es ganz locker an dir als wärest du gerade fünfunddreißig!" Und da war das Familienoberhaupt ganz stolz auf seine schicke kleine Frau: „Also, das muß ich doch mal sagen: Es hat ja nicht jeder in der Stadt eine so schlanke und hübsche Frau wie ich!" Mamamaus, die noch in Erinnerung gehabt hatte, daß ihr Hemd in dem besagten 85er Urlaub kaputt gegangen war und jetzt das Fischerhemd des Familienoberhauptes trug, reichte ihm darauf mit ihrem liebevollsten Lächeln und einem flüchtigen ehelichen Kusse das andere Hemd, das mir gepaßt hatte, als ich dreizehn war. Das Familienoberhaupt zwängte sich das Hemdchen mit großer Müh und noch größerer Not (schließlich war er gezwungen, sich im Spiegel zu sehen und wußte sich von einem weiblichen Wesen beobachtet, und wenn es dreimal sein eigenes war!) eben so über die Mittfünfzigerschultern, aber es wollte sich einfach nicht mehr über sein Wohlstands-A-Körbchen zerren lassen.

„Das ist ja nicht auszuhalten, wie fett ich geworden bin!" schnaubte er angewidert von sich selbst. „Wann habe ich denn nur so viel zugenommen?!"

„Aber Schatz" flötete meine göttergleiche Mutter trostreich, „es ist doch ganz natürlich, daß man sich in anderthalb Jahrzehnten ein wenig verändert und ich mag doch so schmale Männer auch gar nicht."

„Nein -- das ist ja nicht zu ertragen!" Das Familienoberhaupt starrte noch immer fassungslos in den Spiegel.

„Du weißt doch, mein Schatz" schnurrte Mamamaus, „ein Mann ohne Bauch ist ein Krüppel."

Eine Denkerpause wurde eingelegt, damit das Familienoberhaupt sich eingehender im Spiegel betrachten konnte, worauf er schließlich zu dem unverbrüchlichen Schluß gelangte: „Das Fett muß weg! Schatz, du hast doch Erfahrung im Abnehmen – als du damals das Cortison abgesetzt hattest, hast du doch rund zehn Kilo abgenommen?"

„Ja, wenn du willst, helfe ich dir gern ein bißchen. Abnehmen ist gar nicht so schwer, man muß es nur ganz langsam machen."

„Ja, das soll ja auch viel besser für den Körper sein."

„Das ist es auch. Das Beste wird sein, du verzichtest erst einmal ein bißchen auf Fleisch und Wurst."

Nachdem das Familienoberhaupt, das Nachkriegskind mit einer heißen Leidenschaft für Schinkenspeck, Mettwurst und Blutwurst, darüber eine ganze Weile nachgedacht hatte, begab es sich vertrauensvoll in die Obhut seiner erfahrenen Angetrauten beziehungsweise offenen Auges und hoffenden Herzens in die Selbstkasteiung. Mamamaus, die in Dingen der Diätierung bewandert ist und sich mit Nährwerten, Kohlenhydraten, Fetten und dergleichen auskennt, setzte ihren ganzen Ehrgeiz daran, des Familienoberhauptes Gewicht von nun an nachhaltig zu beeinflussen und telephonierte gleich am nächsten Werktag mit Supergabi, die ebenfalls eine Expertin in gesunder Ernährung ist und die menschlichen Schwächen ihres Chefs bestens kennt, da das Familienoberhaupt es ja gewöhnt war und ist, auch im Büro mitunter ihre Figur mit der von Mamamaus zu vergleichen.

Supergabi, hochbegabte Sekretärin und selbstredend eine emanzipierte Ostfrau, kollektivierte sich sogleich mit dieser vielversprechenden Azubine aus dem Westen und achtete im folgenden penibel darauf, daß das Familienoberhaupt sich im Büro an die erstrebte Diät hielt...
Das Familienoberhaupt war voller Motivation und bereit zur Auferlegung jeglicher quälender Abstinenz, die ihm abverlangt werden sollte, um wieder ein stattlicher, von allen Damen ehrlich bewunderter Mann zu werden und verkündete unverzüglich überall die Geschichte von seiner immensen persönlichen Disziplin, die ihn alsbald wieder unwiderstehlich machen würde.
Als ich an einem der folgenden Wochenenden wieder das elterliche Zuhause besuchte, um wie üblich darauf zu warten, daß das Familienoberhaupt abends gegen 22 Uhr 30 zu Bett gehen würde, so daß ich mir mit Mamamaus einen schönen Abend würde machen können, kam ich gerade rechtzeitig zum Abendbrot und setzte mich dazu, als das

Familienoberhaupt stolz von seinem Diätierungsvorhaben berichtete:

„Vielleicht ist dir aufgefallen, daß ich gar keine Wurst mehr esse?" fragte er mich im seiner Überlegenheit bewußten Siegerton, nicht ohne hinzuzufügen: „Das würde dir übrigens auch ganz gut tun." Und ohne eine Reaktion abzuwarten: „ Es gibt nur noch Käse und Marmelade" und er fügte hinzu: „als Abschluß, weißt du, ein bißchen was Süßes läßt einen ganz vergessen, daß man sich die ganze Zeit zurückhält."

Er interpretierte meinen verblüfften Gesichtsausdruck als Form des Staunens ob seiner beeindruckenden Selbstdisziplin.

„Und dunkles Brot gibt's auch nicht mehr. Nur noch Weißbrot. Deine Mutter sagt, das hat ganz wenig Nährwert."

„Das stimmt, Papa. Na, du weißt ja, Mama kennt sich da ja auch aus."

Allmählich begriff ich, daß hier eine von Mamamaus' neuen, erstaunlichen und wunderbar diebischen Geheimwaffen am Werke sein mußte.

„Natürlich ißt man davon ein Scheibchen mehr, denn es macht ja nicht so satt, aber das fällt ja nicht weiter ins Gewicht."

„Na, satt sollst du schon werden, Papa. Wenn man sich beim Abnehmen quälen muß, dann hält man es ja nicht lange durch." Meine göttliche Mamamaus sollte nach Kräften von mir unterstützt werden, denn verdient ist verdient.

Das Familienoberhaupt schenkte uns einen sehr zufriedenen Gesichtsausdruck – es war schon schön, von seiner Familie so geliebt, umsorgt und verstanden zu werden! Das Glück hatte sicherlich nicht jeder Familienvater.

Eine halbe Stunde später, das Familienoberhaupt sah sich die Nachrichten an und Mamamaus und ich räumten den Tisch ab, fragte ich sie in der Küche: „Wie hast du das bloß wieder geschafft?? Ich bin voll der Bewunderung, meine durchtriebene kleine Mamaratte!"

Nicht ohne ein gewisses Maß an Stolz in ihrem Lächeln berichtete Mamamaus mir von dem Fischerhemd und davon, daß das Familienoberhaupt jetzt ganz konsequent auf Wurst verzichtete und stattdessen auf andere Lebensmittel zurückgriff: Rahmkäse, Marmelade und Honig im wesentlichen. Und natürlich etwas mehr Butter als sonst, denn man konnte sich ja schließlich nicht alles versagen. Außerdem wurde jetzt genauer als sonst darauf geachtet, viele kleine statt weniger großer Mahlzeiten einzunehmen: erstes Frühstück mit Kaffee und Brötchen, zweites Frühstück mit Kaffee und einem kleinen Stück

Butterstreusel, normales Mittagessen, aber nur mit der halben Portion Nachtisch, nachmittäglicher Kaffee mit einem weiteren Stück Kuchen und Abendessen ganz ohne Wurst.

Das Familienoberhaupt, ganz eisern, hat diese Diät etwa anderthalb Jahre lang durchgehalten – und mußte sich dann ein neues Fischerhemd kaufen.

14 Ekel Alfred im Spiegel

„Sag mal, Anita, du bist doch kirchlich, nicht?" fragte Marleen mich nach der Lehrveranstaltung, für die sie ein Referat über die Lebensgeschichte Jesu erarbeitet hatte.

„Ja, na ja, also kirchlich? Ich bin katholisch getauft, aber ich hänge weniger an der Kirche als am Glauben."

„Hm. Bei uns kam das irgendwie alles ein bißchen kurz. Ich hatte zwar Jugendweihe, aber getauft bin ich nicht und irgendwie interessiert mich das alles doch langsam. Es muß ja doch noch mehr geben auf dieser Welt. Weißt?"

„Ja, das glaube ich auch."

So entspann sich ein Gespräch mit ein paar Kommilitonen, es gab einige, die so kurz nach der Wende einen Sinngehalt suchten. Wir verabredeten uns zu einem gemeinsamen Besuch eines Ostergottesdienstes am Wochenende.

Also hatte ich mich am sehr frühen Ostermontagmorgen gähnend auf meinen Feuerstuhl geschwungen, gegen den ich Hugo eingetauscht hatte, und war durch die eisekalte Frühlingsnacht gefahren, um dann hellwach an einem Gottesdienst teilzunehmen und freute mich gute zwei Stunden später darauf, den unterbrochenen Nachtschlaf bis fünf Minuten vor'm Mittagessen fortzusetzen, als ich vom Motorrad abstieg und in der Dunkelheit (um niemanden zu wecken) den Schlüssel einsteckte, um das elektrische Garagentor zu öffnen und jetzt bibbernd wartete, da die ersten elektrischen Garagentore schon ein paar Minuten brauchen konnten, bis sie sich schließlich geöffnet hatte. Als ich das Moped eben durch die Tür schieben wollte und mit einem Fuß in der Garage stand, brüllt jemand „Halt! Stehen bleiben!", dann geht das Licht an und da steht einer mit einem Gewehr im Anschlag. „Okay, okay... was ist denn?" stammelte ich als ich mich ein bißchen gesammelt hatte.

„Ach, Du bist es... WO KOMMST DU JETZT HER?" Und
da steht in Schiesser-Feinripp mit Eingriff, Modell ‚Walter',
mit dem häuslichen Kleinkaliber im Anschlag, mein
liebwerter Vater im gleißenden Garagenlicht und re-
identifiziert den Eindringling als „T-o-c-h-t-e-r" – Gott sei
Dank, denn er vertritt für Fälle von Einbruch den Grundsatz
„Erst schießen, dann fragen."

Gut, ich räume ein, Katholiken haben Vorteile, sie können
ihre Sünden durch Beichte und eine sich nach der Schwere
des Vergehens bestimmende Anzahl anschließender Ave
Marias zweckdienlich abbüßen, aber welche Preise man
mitunter dafür zahlt...

Ein paar Tage zuvor, am Gründonnerstag hatte mich ein
Kommilitone besucht, der mit mir Anglistik studierte.

Er war ein bißchen älter als ich, kam aus Neustrelitz, war
groß gewachsen und einfach unverschämt gut aussehend.
Ich hatte ihn mehrere Tage becircen müssen, bis er endlich
auf die Idee kam, mich zu fragen, ob wir uns nicht mal
treffen wollten (diese ostdeutsche Emanzipationsbewegung
hatte auch nachteilige Auswirkungen gehabt). Wir hatten
uns verabredet, er holt mich Zuhause ab, um mit mir auf der
Liebesinsel spazieren zu gehen. Eben kam er sexy die Straße

heruntergeschlendert, mein Herz schlug schon doppelt so schnell wie gewohnt, da bog das Familienoberhaupt mit Mamamaus um die Ecke und identifizierte ihn als „Tochterwegnehmer", einen von diesen lästigen linken Anwärtern auf persönliches Eigentum.

Noch ehe Mamamaus herzlich „Guten Tag" sagen konnte, baute das Familienoberhaupt sich mit seinen gesammelten einen Meter und sechzig vor dem Anwärter auf, warf den kahlen Kapitalistenkopf in den Nacken und gellte: „Na, junger Mann, ham se schon jedient?"

Das hatte er zwar, aber wiedergesehen habe ich ihn doch nicht mehr, doch es sollte nicht die letzte eigenartige Begebenheit mit dem Familienoberhaupt gewesen sein, von der Mamamaus und ich berichten können.

Am Ostermontagabend wurde vom Familienoberhaupt eine Vergnüglichkeit angeordnet. In den vergangenen Wochen hatten die dritten Programme Wiederholungen von „Ein Herz und eine Seele" gesendet, die Mamamaus aufzunehmen hatte und nach Art braver westlicher Hausfrauen auch getan hatte. Es war die Folge mit Ekel Alfred im Taucheranzug. Das Familienoberhaupt bog sich vor Lachen und schlug sich auf die Schenkel und lachte immer lauter.

Als Ekel Alfred schließlich im Taucheranzug in der Telefonzelle vor seiner Wohnung stand, lachte gerade er aus vollem Halse als ihm auffiel, daß Mamamaus vergleichsweise regungslos auf den Bildschirm schaute und außer regelmäßigen Atmens keinen Ton von sich gab.

„Findest Du das denn gar nicht lustig?"

„Nein, eigentlich nicht.

„Nein? Wie kann man das denn nicht lustig finden?"

„Das hab ich doch Zuhause."

79

15 Mamamaus zieht in den Krieg

Ich konnte die Arbeit auf meinem Schreibtisch nicht mehr
sehen und in meinem Wunsch nach Auflockerung griff ich,
wie so oft, zum Telephon:

„Hallo Mama. Wie geht's?"

„Ach, hör bloß auf. Dieser Blödmann raubt mir noch den
letzten Nerv!"

„Wieso, was hat der alte Herr sich denn jetzt wieder
geleistet?"

„Ach was, dein Vater ist im Büro. Aber ich sage dir, diesen
Schaufelke mache ich jetzt kalt! Mir reicht's, das kannste
aber wissen!"

„Wie jetzt – kalt?"

„Ich mache ihn fertig, ich bringe ihn um" erklärte
Mamamaus jetzt ganz gefaßt. Aber wer war bloß dieser
Schaufelke?

„Weswegen willst du ihn umbringen?"

„Der bringt mich einfach ständig total aus dem Konzept und
lebt nur, um mich zu ärgern – das schaue ich mir jetzt schon
monatelang an und nun ist es einfach genug."

Ich erkannte meine sonst so friedfertige Mutter nicht wieder.
Jemanden ‚umbringen'? Was konnte da nur passiert sein?
Ich überlegte fieberhaft... Schaufelke... vielleicht ein neuer
Nachbar? Was mußte ein Mensch meiner Mutter antun,
damit sie Mordgedanken hegte? Mir wurde ganz schlecht.

„Und weißt du was? Der schleppt gerade seine ganze
Familie ein! Wenn die mich hier alle terrorisieren, dann
nehme ich die in Sippenhaft! Am besten mache ich sie
einfach gleich alle fertig."

Ich wollte eben in Ohnmacht fallen, da fuhr Mamamaus
fort: „Du mußt dir mal den Garten angucken, ein Hügel
nach dem anderen! Da kannste gar nicht so schnell gucken,

wie die neue schaufeln! Völlig zerpflügt ist mein schöner Rasen."

Da fiel's mir ein: Schaufelke! Als ich noch ganz klein war, hatte Mamamaus mir manchmal aus einem Kinderbuch vorgelesen – dort hieß er allerdings Grabowski und war ein Maulwurf! Ich ließ Mamamaus noch ein bißchen weiter keifen und fauchen und sich so richtig ausmotzen. Als sie sich vorläufig etwas beruhigt hatte, verabredeten wir uns für das übernächste Wochenende. Ich war schon allzu lange nicht mehr Zuhause gewesen.

Als ich zwei Wochen später den Schlüssel in die elterliche Haustür steckte und den mütterlichen Haushalt betrat, mußte ich mich doch ein wenig wundern. Das übliche Empfangskomitee, das in guten Zeiten schon beim Einparken neben meinem Auto stand, war nicht einmal im Haus anwesend. Mamamaus war nicht in ihrem Zimmer, nicht im Bad und auch nicht in der Küche. Sie reagierte nicht auf lautes Rufen und ward insgesamt nicht gesehen. Bei einem zufälligen Blick aus der Terrassentür entdeckte ich sie hoch konzentriert und regungslos in leicht gebückter Haltung mit dem Spaten im Anschlag vor einem von Schaufelkes Haufen im Garten lauernd.

Ich öffnete die Terrassentür und Mamamaus fauchte augenblicklich: „PSSSSTTTT!" und gebot mir, mich nur äußerst sanften Schrittes über den Rasen zu bewegen, selbstverständlich, ohne ihren Blick vom potentiellen Erscheinungsort des verhaßten Opfers zu wenden.

Zum Äußersten entschlossen hatte Mamamaus sich stundenlang an vorderster Front positioniert, wie sie mir jetzt flüsternd erzählte.

„Und? Hat er sich denn schon gezeigt?" flüsterte ich.

„Ha!" zischte sie, „das elende Mistvieh hat mich hier den ganzen Tag stehen lassen, und dann mußte ich nach sieben Stunden ein einziges Mal auf's Klo, komme wieder und da hat dieses Biest einen neuen Haufen geworfen!"

Das Lachen mühsam unterdrückend erging ich mich in Mitgefühlsbekundungen, inmitten derer Mamamaus mir mit einem weiteren Zischen rüde das Wort abschnitt und mir absolute Ruhe befahl – sie meinte, Schaufelke an einem Hügel gleich auftauchen zu sehen, hatte sich dann aber doch getäuscht und fuhr flüsternd fort:

„Dein Vater hat neulich gedacht, ich sei gestört – ich glaube, er dachte wirklich: ‚Jetzt ist es so weit, sie ist verrückt geworden'. Er kam nämlich gerade nach Hause, so wie du eben, und fand mich so wie jetzt im Garten vor Schaufelkes Hügeln."
„Verrückt? Na, es wäre ja nicht das erste Mal, daß er dir gewisse geistige Fähigkeiten vom hohen Turm seines Urteilsvermögens aus abspricht--"

„Na ja..." unterbrach Mamamaus mich feixend, „dieses Mal kann ich's aus seiner Sicht auch ein bißchen nachvollziehen. Du, stell dir vor" sie wandte für einen Wimpernschlag den Blick vom Hügel, „da! Hast du gesehen? Der wirft gleich wieder was raus! Dann kriege ich ihn!" sprachs und disziplinierte sich sogleich. Man mußte schließlich Prioritäten setzen: Das Tochterkind kommt schließlich immer wieder, aber Schaufelke mußte sterben, und zwar bald!

Nach einigen Minuten, in denen sich absolut nichts rührte, fragte ich – flüsternd! – nach: „Was war denn nun, weswegen der Alte so in Sorge war?"
„Hm, na eigentlich ist das schon ziemlich komisch" feixte Mamamaus, „ich hatte auch den ganzen Tag wegen Schaufelke auf der Lauer gelegen, hatte mir einen Gartenstuhl direkt vor seinen jüngsten Haufen gestellt, wo ich den ganzen Nachmittag draufsah und dann hörte ich so ein komisches, leises Geräusch hinter mir und als ich mich umdrehte, hatte das Mistvieh doch direkt hinter meinem Stuhl einen nagelneuen Haufen geworfen! Da war ich so wütend, daß ich mit dem Spaten in der Hand fluchend auf dem Hügel rumgesprungen bin, den man aber nicht mehr sehen konnte, weil ich ja schon die ganze Zeit drauf rumgesprungen war.
Da kam dein Vater um die Ecke und hat mich ganz behutsam am Arm genommen und mich ins Haus geführt. Er hat mich sogar aufgefordert, daß ich mich – am hellichten Tag, Kind! Und das bei deinem Vater! – ein bißchen hinlegen und ausruhen sollte."
Ich mußte so laut lachen, daß die Maulwurfsjagd für den Tag ein Ende hatte: „Jetzt ist also bewiesen, daß du bißchen spinnst, ja?"
„Gewissermaßen. Für deinen Vater auf jeden Fall."

„Sag mal, Mamamaus, warum kaufst du dir eigentlich keine Maulwurfsfalle?"

„Die sind doch verboten! Die ollen Viecher stehen unter Schutz! Aber ich habe gehört, daß Nachbar Ecke noch eine im Keller haben soll. Mal sehen. Ich will ihn demnächst mal fragen."

Wir gingen ins Haus und machten uns einen schönen Nachmittag, bis das Familienoberhaupt kam, um dann über Berufliches zu diskutieren und setzten den Abend, wie üblich, fort, als das Familienoberhaupt schlafen gegangen war, d.h. eigentlich mehr die Nacht. Deswegen wurde ich wohl auch erst wieder wach, als ich hörte, wie Mamamaus gegen zehn vor'm Haus einparkte, die gerade vom Einkaufen gekommen war.

Sie war siegreich vom Beutezug heimgekehrt, wie sie mir beim Frühstück stolz unter Demonstration des Beutestücks zeigte:

Ein örtlicher Laden hatte ihr auf Anfrage bestätigt, daß Maulwurffallen verboten sind und dann hatte Mamamaus unseren Nachbarn das Heimtierbedarfgeschäft betreten sehen.

„Hallo Herr Nachbar!"

„Einen schönen guten Morgen, Frau Bärwald."

„Wir haben uns ja schon lange nicht mehr gesehen."

„Das stimmt, Herr Ecke."

„Was treibt Sie denn so früh am morgen hierher? Sie haben sicher ein Haustier? Eine Katze?"

„Ach, wenn es das mal wäre! Ich habe mehr ein Gartentier, das heißt vermutlich mehrere."

„Diese kleinen Niedlichen mit dem extra weichen Fell und den Schaufelhänden?" grinste Ecke.

„Hm, genau die", grummelte Mamamaus. „Ich hatte ja gehofft, ich würde eine Falle kaufen können, aber der Herr meinte gerade, die Viecher stünden unter Naturschutz."

„Ja, Maulwürfe stehen unter Naturschutz, das ist richtig, genau wie Wühlmäuse. Aber wußten Sie denn schon, daß es hier für besonders gute Kunden Wühlmurffallen gibt?" schmunzelte Nachbar Ecke.

„Sehen Sie, das ist wieder ein guter Grund, bevorzugt Ostprodukte zu kaufen" lächelte Mamamaus, „einige davon sind in den Altbundesländern gar nicht aufzutreiben."

Und so begründete sich an diesem schönen, sonnigen Morgen eine lange währende Freundschaft.

16 Go East!

Während Mamamaus sich dank gemeinsamem Feindbildes mit ihrem neuen Nachbarn Ecke anfreundete und die beiden mit dem Familienoberhaupt zusammen auf der Terrasse ein paar Flaschen Wein leerten, hatten mein Bruderherz und ich beschlossen, dieses Wochenende die eine oder andere Disco unsicher zu machen, was sich allerdings schnell auf eine beschränkte. In Neustrelitz gab es keine Disco, in Waren und Röbel auch nicht, jedenfalls wenn man von Tanztreffs für Singles „Ü 30" absah. Es blieb also nur der Neubrandenburger „Schlachthof", einzige begehbare Örtlichkeit weit und breit, wenn auch leider eine Großraumdisco.

Nachdem der Kleine sich für eine Jeans entschieden hatte, weil er für seine Stoffhose keinen passenden Gürtel fand und ich mich überhaupt für irgendetwas entschieden und irgendwann auch fertig geschminkt hatte, machten wir uns mit seinem alten VW Käfer auf den Weg und kamen gegen dreiundzwanzig Uhr im „Schlachthof" an, wo eine Handvoll GoGo-Girls auf den Boxen tanzend den Gästen gerade richtig einheizte. Es lief amerikanischer HipHop, der nach einer halben Stunde – im Westen undenkbar! – von deutschen Schlagern abgelöst wurde und nach einer weiteren halben Stunde von Britpop. Es dröhnte aus den Lautsprechern: „Go West! Life is peaceful there. Go West…" von den Pet Shop Boys, als ich meinen kleinen Bruder fragte: „Warum guckst denn Du so bedröppelt?"
„Na, hörst Du das nicht?" kam es zurück.
„Was denn?"
„Go West! Und was mache ich? Go East!"

Nachdem wir am nächsten Tag gründlich ausgeschlafen und eben gefrühstückt hatten, fragte mein Bruder mich, ob ich noch Zeit hätte, mit ihm einkaufen zu gehen, bevor ich wieder nach Greifswald abfahren würde.

„Ja natürlich. Was brauchst Du denn so?"
„Na, ein neues Sweatshirt und ein Gürtel wären nicht schlecht."
„Da gehen wir am besten zu Goldsteins, was?"
„Die kleine Boutique?"
„Haben wir ein Kaufhaus?" grinste ich ihn an.
„Also die Boutique!"
Dort angekommen fanden wir recht schnell einen passenden Sweater und die Verkäuferin kam dazu und fragte: „Kann ich Ihnen helfen?"
„Haben Sie einen Gürtel für meinen Bruder?"
„Ja, wir haben einen Gürtel."

Thorsten und ich sahen uns verblüfft an. Die Verkäuferin ging nach hinten und kam mit genau einem Gürtel wieder.

Am späten Nachmittag packte ich meine Sachen für die Woche in meinen Rucksack und lud ihn auf's Motorrad. Ich genoß die anderthalbstündige Fahrt durch die Frühlingssonne und kam gegen sieben vor meiner Studentenbude an.

Nachdem ich meine Tasche ausgepackt hatte, ging ich in den Gemeinschaftsraum, wo ich Dorothea in der Küche pfeifen hörte, irgendeine Melodie, die mir bekannt vorkam. Eine Zeit lang fragte ich mich, ob es eine Nationalhymne sein könnte, die Marseillaise oder so was, aber ich kam nicht drauf.

„Du, Doro?"

„Hm?"

„Was ist'n das, was Du da pfeifst?"

„Kennst Du das nicht?"

„Doch, aber ich komm nicht drauf, woher?"

„Das ist die Internationale."

Hm, das war wohl westdeutsche Ladehemmung.

17 Mamamaus rüstet auf

Vielleicht erklärte Mamamaus' Tötungslust sich aus mehreren Wochen Isolationshaft mit dem Familienoberhaupt, denn meine Eltern waren eben aus ihrem Jahresurlaub zurückgekehrt.

Wir hatten einen späten Nachmittag verplaudert, an dem Mamamaus irgendwie abwesend wirkte: Sie ersann Vergeltung für die vielen Hügel, die Schaufelke ihr fleißig zum Willkommensgeschenk gemacht hatte. Angestrengte Fältchen gruben sich in ihre abwesende Denkerstirn. Schließlich stand Mamamaus unvermittelt auf und begann, in der Garage etwas zu suchen. Wenige Minuten später präsentierte sie sich mit stolz geschwellter Angriffsbrust, die wie bei einem Profikiller behandschuhten Hände siegessicher in die Höhe gestreckt, griff noch einmal beherzt in das antibakterielle Gummimaterial und ließ es kampfeslustig zurück ans Handgelenk schnalzen, um sich dann zügigen Schrittes und mit dem diebischen Abschiedsgruß „Dann will ich doch mal ein Fällchen aufstellen" auf das Feld der Ehre zu begeben.

Während Mamamaus sich im akuten Verteidigungsfall befand, verbrachte der Rest der Familie den lauen Sommerabend gemütlich plaudernd am Grill. Als sich der Tag allmählich zur Nacht senkte und Mamamaus stundenlang und regungslos die feindlichen Stellungen erfolglos belagert hatte, kehrte die zermürbte Kriegerin schließlich frustriert zurück und ertränkte ihren Kummer in trockenem Rotwein.

Doch wer trinken kann, kann auch jagen und deswegen ging Mamamaus gleich früh am nächsten Morgen wieder zum Angriff über: Nachbar Ecke, der einen ähnlich

89

tötungslustigen Sportsgeist entwickelt hatte, hatte ihr bei einer zufälligen (!) morgendlichen Lagebesprechung von seiner neuesten und „todsicheren" Geheimwaffe berichtet.

So kam es, daß Mamamaus im Schutze der Dämmerung Rohrfrei in Schaufelkes Gängen verteilte – denn Mamamaus war längst nicht mehr die Anfängerin, die sie einmal gewesen war: Nachdem sie vor Wochen einmal mit ihrer neuen Errungenschaft, der Wühlmurffalle, einen (!) Maulwurf gefangen hatte, musste sie rasch feststellen, daß es der einzige blieb und kommentierte ihren Fang selbstironisch mit der Bemerkung: „Der war wahrscheinlich blind und besoffen." Also hatte Mamamaus intensive Fortbildungen auf dem Felde der modernen Kriegführung im Selbststudium verfolgt, um der einen einsamen Kerbe auf ihrem Spaten noch viele, viele mehr hinzufügen zu können. So war sie vom Spaten und der Wühlmurffalle schließlich zu biochemischen Waffen übergegangen.
Im Verlaufe des Tages drängte sich dem der Evolutionstheorie vertrauten Betrachter die Annahme auf, daß es sich bei unserer Familie Schaufelke um direkte Nachfahren derer handeln musste, die bei Nachbar Ecke wohnten, aber wie auch immer: Evolution hin oder her, die hiesige Schaufelke-Sippschaft war auf ganzer Linie immun gegen Rohrfrei.

Als Mamamaus dies am nächsten Morgen mißmutig entdeckte, entschied das Familienoberhaupt sich, das Frühstück ein wenig kürzer ausfallen zu lassen, denn eben war ihm eingefallen, daß er ja einen sehr, sehr wichtigen Termin im Büro hatte. Als ich an den Frühstückstisch kam, blätterte Mamamaus gerade missgelaunt und lustlos in einem Katalog, als ich auf einmal dieses gierige Blitzen in ihren Augen sah: In diesem Moment war ihr aufgegangen, daß es an der Zeit war, die elektronische Waffentechnologie für sich zu entdecken!

Auf Seite 28 prangte das Mittel zu ihrer Ehrenrettung:

„Die wirksame Waffe im Kampf gegen den Maulwurf: seismische Schwingungen. Vertreiben Sie die Plagegeister mit dem neuen Vibrasonic-Molechaser. Alle 15 Sekunden sendet dieser seismische Schwingungen aus, nicht spürbar, aber für die in der Erde lebenden Tiere wirken die Wellen wie Erdbeben..."

Allein die Vorstellung, Schaufelkes Zuhause durch die fürchterliche Naturgewalt eines Erdbebens viermal in der Minute, jede Stunde, den ganzen Tag, ja – tagelang! erschüttern lassen zu können, veranlasste Mamamaus zu einem breiten, zufriedenen Gewinnerlächeln.

Der obige Text befand sich, wie erwähnt, auf Seite 28, unterhalb eines Photos von einem phallisch wirkenden Gegenstand mit einer Spitze auf der einen Seite und einem Plastikdeckel am anderen Ende, unter dem sich vier dicke Batterien versteckten, die den Wühlmurf vier Monate am Stück unter Dauerbeschuß setzen konnten! 15sekündig!

„...Wie immer gilt Ihr 30tägiges Rückgaberecht. Nur Ihre Zufriedenheit entscheidet."

Etwa 20 Sekunden später hatte Mamamaus den Vibrasonic-Molechaser bestellt.

18 Hamsterkäufe

Ich klingele an der Tür.
„Hallo mein Schatz! Das ist aber eine schöne Überraschung, komm rein!"
„Hallo Mama! Wie geht's dir? Und der Alte, ist er noch nicht tot?"
„Kind!"
„Ja, Mama, ich weiß. Stell Dir vor, so hat Marlene mich neulich an Stelle von ‚Wie geht´s' begrüßt!"
„Wirklich?" Mamamaus verschluckte sich beim Kichern.
„Ja, mir geht´s gut, und deinen Vater habe ich zum Einkaufen bei BRUTTO geschickt. Du weißt ja, er wird nun bald Rentner und weiß nicht, ob er sich in Zukunft noch Werkzeug kaufen kann, wenn er unser Haus, seinen Sportwagen, das Boot und die Cessna unterhalten hat."
„Ach, du sprichst vom selben Prinzip, das ihm vergangenen Monat zu dreißig neuen Oberhemden verholfen hat?"
„Hach, du kennst ja deinen Vater" seufzt Mamamaus, „und bei BRUTTO haben sie gerade wieder Werkzeug günstig im Angebot."
„Mama, er besitzt zwei Tischkreissägen, drei Kapp- und Gährungssägen, vier Schleifmaschinen, zwei Trennschleifer—
„Ja, wem sagst du das, aber manchmal ist so'n Werkzeug ja auch ganz nützlich im Haus zu haben."
Jetzt konnte ich mir das Kichern nicht verkneifen. „Sag bloß, du gehst jetzt unter die Heimwerker?"
„Iiich?? Wie komme ich dazu? Dann muß ich am Ende nicht nur das Haus sauber halten, den Garten pflegen und die Autos der Familie putzen, sondern auch noch Reifen wechseln und die Jahresinspektion am Rasenmähertraktor machen, was? Nein, nein, ich kann mit so was gar nicht umgehen. Da tue ich mir am Ende noch was. Außerdem

habe ich deinen Vater ja gebeten, unter unserer Pergola eine neue Ecksitzbank zu bauen, dafür braucht er natürlich extra Werkzeug."

„Ich denke, er baut dir zuviel und soll lieber mal ruhiger treten und weniger Dreck machen?"

„Das schon, aber er will mir neuerdings immer beim Schaufelkes-Fangen helfen."

„So ist das. Und da muß er alternativ beschäftig werden, weil schließlich jeder seine eigenen Kriegsschauplätze hat?"

„Ja, und außerdem befinde ich mich schon viel länger auf der Jagd."

„Da gebührt dir natürlich auch der gerechte und alleinige Sieg. Aber mal was anderes, was macht euer Nachbar da eigentlich nebenan?" Ich zeige aus dem Fenster, wo Nachbar Dietrich gerade mit verbissenem Gesichtsausdruck, einem uralten Trabbi und einem komischen Anhängsel in einer unglaublichen Zweitaktwolke über seinen Acker bügelt.

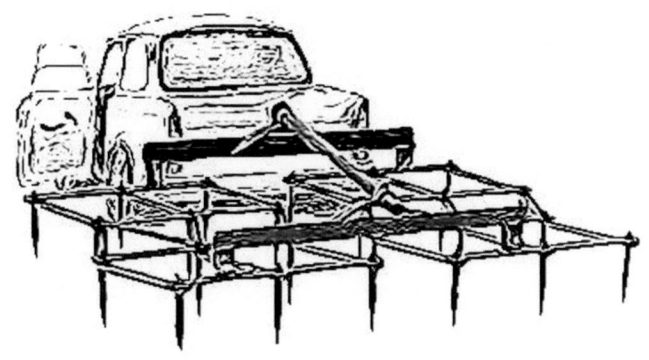

„Hi, hi." Mama hat diese diebische Freude im Gesicht. „Ich freu mich schon die ganze Zeit."

„Wieso denn nun?"

„Familie Schaufelke ist umgezogen." Mama feixt.

„Ach, nee. Ich vermute, zu Dietrichs rüber?"

„Ja, und was du da siehst, ist eine Egge, du Naturkind!"

„Wie? Wie hat Dietrich denn eine Egge an seinem Trabbi festgekriegt?"

„Weiß ich nicht. Ich glaube, dafür muß man gelernter Ossi sein. Jedenfalls versucht er jetzt, die Schaufelkes wegzupflügen."

„Na, Hauptsache, du freust dich nicht zu früh."

„Mal den Teufel nicht an die Wand, sonst wirst du enterbt" schmunzelt Mamamaus mich an.

„Keine Sorge, die bleiben bestimmt alle bei Dietrich.

So, Mama, ich muß jetzt weiter. Ich habe in Berlin einen Termin. Ich komme auf dem Rückweg noch mal vorbei."

„Tschüß. Fahr vorsichtig."

19 Das Ökoklosett

Die innerfamiliären Emanzipationsbestrebungen griffen mit der Zeit auch auf die Westverwandtschaft über. Meine erzkatholische Patentante aus meinem erzkonservativen Heimatort im Erzbistum Paderborn, aufgewachsen unter der strengen Regentschaft eines katholischen Patriarchen, entwickelte sich im Laufe der Jahre unter dem Einfluß von EMMA und anderen Post-68er-Strömungen zu einer exzellenten Heimwerkerin, die weit über die Ortsgrenzen hinaus für ihre unkonventionellen Lösungen von technischen Problemen bekannt wurde.

Insbesondere am Umbau eines alten Renault-Kleinbusses zum urlaubstauglichen Ferienmobil der Familie erkennt man noch heute ihre freidenkerische Kreativität.

Um ihrem Ehemann, einem Gemütsmensch und Kraftfahrer von Beruf, einen erholsamen und entspannenden Jahresurlaub zu ermöglichen, erstand meine Tante, von Beruf ehedem Friseurin und heute Hausfrau, vom gemeinsamen und selbstverständlich unter ihrer Verwaltung stehenden Konto bei ihrem Bruder, dem Renault-Händler, den besagten Kleinbus.

Der Umbau dieses Vans zum Wohnmobil erforderte aufgrund seiner Größe ein Maximum an Ideenreichtum und heimwerklichen Fähigkeiten. Kaum waren die notwendigen Arbeiten vollbracht, rüstete man das Mobil auf und begab sich auf die weite Reise nach Mecklenburg, um die „Ostverwandschaft" zu besuchen. Am Ende eines langen Tages parkte Onkel Franz das Unikum vor dem Grundstück meiner Eltern.

„Hallo Sabine. Schön, daß ihr da seid, Franz. Seid ihr denn gut durchgekommen?"

„Hallo Ihr beiden. Ja, ganz gut, nur auf dem Berliner Ring war etwas stockender Verkehr."

„Das ist also euer neues Wohnmobil. Ist denn da auch genug Platz drauf für euch zwei?" fragte meine Mutter ihre Schwägerin. Tante Sabine, die hauptsächlich den zweifelnden Unterton wahrgenommen hatte, bot sogleich an, ihren Umbau zum Staunen zur Schau zu stellen:

„ Da ist erstaunlich viel Platz drin. Wollt Ihr es euch mal angucken?"

„Ja, aber gern!"

Das Familienoberhaupt war neugierig und staunte nicht schlecht, als er sah, daß meine Tante ein Doppelbett (von 1,10m mal 1,90m), eine provisorische Nasszelle mit Handdusche und Campingklo, eine Spüle, einen Herd, einen Tisch, einen Schrank und ein paar Schubläden in dem kleinen Vehikel untergebracht hatte.

Als hinreichend gestaunt worden war und das Wohnmobil von außen verschlossen, fragte Mamamaus: „ Wir haben auf der Terrasse den Grill aufgebaut. Möchtet ihr euch vielleicht noch ein wenig frisch machen bevor wir essen? Ich habe euch ein paar Handtücher hingelegt."

„ Das ist nett " meinte Franz ", aber wir haben da was ganz Neues, das hat meine Frau neulich beim Einkaufen aufgetan. Es ist ungefähr so groß wie ein Fensterleder, damit trocknen wir uns ab und sparen jede Menge Platz."

„Ähm...achso...das ist ja toll " stammelte meine Mutter, die im Geiste ihren großen und sehr kräftigen Schwager Franz sich mit einem Fensterleder abtrocknen sah.

„Aber im Gästezimmer schlaft ihr doch?" wollte Mamamaus wissen. „Nein, vielen Dank, aber wozu haben wir denn ein Wohnmobil?" kam meine Tante meinem Onkel zuvor und fügte hinzu „Franz ist ja ohnehin niemand, der sich im Schlaf großartig bewegt und wenn er auf der Seite liegt, können wir beide dort wunderbar schlafen und außerdem ist Franz das ja von Berufs wegen gewöhnt."

Etwa eine Stunde später saß man auf der Terrasse beim Grillen und pflegte den üblichen familiären Smalltalk darüber, wer kürzlich wieder gestorben sei, wie die Kinder sich im Studium machten bzw. welches Kind schneller und besser ist und ähnliches mehr. Das Essen war noch nicht ganz auf dem Tisch, da schlich der Familienkater Karlo um Tantchens Beine. Tante Sabine hatte so einen leicht alternativen Touch, der mitunter auch in die vegetarische Richtung ging, weswegen von ihr immer reichlich Beute zu erwarten war.

„Sag mal" meinte Tante Sabine an Mamamaus gewandt, „wie macht ihr das eigentlich mit dem Katzenstreu?"

„Also ich nehme immer das von BUSSMANN."

„Ach ja? Ich habe ja anfangs sogar das teure KATSAND ausprobiert."

„Ist das denn besser?"

„Na, so richtig glücklich waren wir damit auch nicht."

„Na, am besten ist es wohl, wenn es ein ganz feiner und gut aufsaugender Sand ist."

„Das haben wir auch probiert, aber stell Dir vor, ich habe jetzt eins in einem Bioladen gefunden. Das ist auf rein biologischer Basis, saugt super auf und ist so verträglich, daß ich es auf den Raststätten immer in die Parkplatz-begrünung entsorgen kann - das düngt den Rasen."

„Begrünung? Ach, das düngt, ja?! (...) Ach, ihr nehmt euer neues Kätzchen mit? Aber dieses Mal habt ihr es wohl Zuhause gelassen?"

„Katze? Wir haben keine Katze, Katzen finden wir eklig, also im Haus jedenfalls. Ich rede von unserem Campingklo."

Für den Fernfahrer Franz verblieb nach dem Essen also noch eine Galgenfrist von zwei bis drei Gläschen Wein, bevor er noch einmal das Katzenklo benutzte, anschließend duschte und sich ablederte, um sich dann in die gemeinsame Koje auf die Seite zu legen, um sich die ganze Nacht nicht mehr zu bewegen.

20 Das dritte Kriegsjahr

Der dritte Sommer seit Einzug der Familie Schaufelke in heimischem Rasen war angebrochen und die Verwandtschaft wieder abgereist. Das 30tägige Rückgaberecht von Mamamaus´ letztjähriger elektronischer Geheimwaffe war längst verstrichen und es schien, als sei Schaufelke ein Paradebeispiel für evolutionäre Entwicklung, denn trotz erheblicher seismischer Schwingungen in der Maulwurfwelt erfreuten er und seine Familie sich offenbar bester Gesundheit.

Inzwischen war Mamamaus zu psychologischer Kriegsführung übergegangen, neudeutsch jüngst als Mobbing bekannt geworden. Es galt nunmehr, Schaufelke durch Boshaftigkeiten gemeinster Art davon zu überzeugen, daß es kuscheligere Wohnorte für ihn und seine verhasste Sippschaft gebe als Mamamaus´ Rasen.

So traf es sich für Mamamaus ganz hervorragend, daß das Familienoberhaupt wegen der Altersschwäche des bisherigen Rasenmähers einen neuen anschaffen wollte. Mamamaus, nach über 30 Ehejahren äußerst gewandt in Manipulation, überzeugte ihn davon, daß ein Rasenmähertraktor zum Fahren wesentlich effizienter sei als ein solcher zum Schieben und konnte die Anlieferung desselben kaum abwarten, wie sie mir am Telephon berichtete.

Als ich am Wochenende drauf meine Eltern besuchen fuhr und das ehemals übliche Empfangskomitee wiederum ausblieb, ging ich direkt zur Terrassentür, wo sich mir ein eigentümliches Bild bot. Der Rasentrecker drehte sich andauernd im Kreis und Mamamaus sah ein bißchen weggetreten aus, offenbar war das hier die erste

Unternehmung mit dem Gefährt und sie musste noch ein bißchen üben, was die Handhabung betraf:

„Hallo Mama!"
„Ach hallo! Du bist ja schon da!"
„Sag mal, kann der eigentlich auch geradeaus fahren?
„Du kleiner Quatschkopf, natürlich kann der das! Das Ding fährt ganz hervorragend, das Mähwerk lässt sich fast stufenlos regulieren, der Fangkorb ist klasse und er hat – und das ist das allerfamoseste an diesem kleinen Wundertreckerchen – zwei Geschwindigkeiten! Deswegen habe ich ihn vor 10 Minuten auf den Schneckengang eingestellt und drehe jetzt ein Viertelstündchen auf Schaufelkes größtem Hügel wie mit einem Panzer!!"

Wie ich am folgenden Abend in Erfahrung brachte, war dies natürlich nicht Mamamaus' einzige Operationsstrecke auf dem Felde der finalen psychologischen Kleintierzermürbung. In ihrer gerissenen Art hatte sie beschlossen, sich weniger selbst weiterhin die Fingerchen schmutzig zu machen als vielmehr Kleintier auf Kleintier anzusetzen. Bereits über den Winter hatte sie begonnen, Nachbar Kurzes Katzen anzufüttern, als da wären Mauzi und ihr Bruder Rudi, die jeden Morgen und jeden Abend eine Portion Trockenfutter bekamen – natürlich kein Whaskis und auch nicht zuviel, denn es sollte ja ein gehöriges Portiönchen kätzische Fressgier verbleiben. Die lieben Kätzchen wurden ausdauernd und taktisch ausgeklügelt gefüttert und gelegentlich ein bißchen gestreichelt, gerade lang genug, um die Anwesenheit Schaufelkes wahrnehmen zu können. Selbstredend wurde Rudi, als er – das erste Mitglied der Familie Schaufelke im Maul – Mamamaus eine Dankesgabe zu Füßen legte, mit Belohnungs-Whaskis und einer Extraportion Zuneigung derart konditioniert, daß voll fröhlicher Erwartung in die Zukunft geblickt werden konnte.

Die von gegenseitiger Wertschätzung geprägte freundschaftliche Beziehung zwischen Rudi und Mamamaus wurde noch inniger, als dieser eines Tages beschloß, Mamamaus' Garten in sein Revier einzugemeinden und zur Demonstration seines Besitztums gepflegt auf Schaufelkes frischesten Hügel pinkelte. Im übrigen eine Handlung, die Mamamaus zur unerhofften, aber höchst erfreulichen Erweiterung ihres Repertoires durch sofortiges Zuführen von Whaskis in die Kleintierkonditionierung aufnahm.

Zur Feier des Tages schwang sie sich behende in ihr Auto, um im örtlichen Supermarkt eine Fertigpackung Kuchenteig zur nachmittäglichen Erquickung ihrer Familie zu erstehen. Die Strategien psychologischer Kriegsführung immer im Hinterkopf servierte Mamamaus knapp zwei Stunden später

auf der Terrasse neben den Hügelchen Maulwurfskuchen –
aus gegebenem Anlaß sozusagen.

Am nächsten Morgen beim Frühstück regnete es in Strömen
und wir aßen deshalb nicht auf der Terrasse, sondern im
Eßzimmer.
„Irgendwie ist es schon schade, daß wir nicht mehr an der
Weser wohnen", meinte Mamamaus gedankenverloren und
ich nahm an, daß sie noch mehr schlief als wachte.
„Aber, Mama, du warst doch gottfroh, diesem bigotten Kaff
entkommen zu sein?"
„Ja, aber hier gibt's kein Hochwasser." Schaufelke ließ sich
leider nicht ersäufen.

Da klingelte es an der Tür. Nachbar Ecke, Heizungsmonteur
und Mamamaus' Verbündeter im Krieg gegen Schaufelke,
stand davor.
„Hallo Herr Ecke."
„Schönen guten Morgen. Ihre Mutter rief gestern an, die
Heizung ginge nicht?"
„Ja, die setzt wohl immer mal aus. Kommen Sie doch rein."
Während Mamamaus mit Herrn Ecke in der Küche stand
und er die Heizungsanlage begutachtete, plauschten sie ein
wenig.

„Haben Sie auch schon von dieser Boulette, äh, ich meine
unserem neuen Nachbarn gehört, Frau Bärwald?"
„Sie meinen den aus Berlin? Ja, ja."
„Stellen Sie sich vor, der hat sich seinen Rasen ja legen
lassen... na ja, Berliner eben."
„Ach ja?"
„Rollrasen, hm! Fünf Euro pro Quadratmeter!"
„Haben Sie schon Maulwurfshügel bei dem gesehen?"

„Nein, unsere Maulwürfe mögen die Berliner wohl auch nicht."

„Wie man's nimmt. Der hat sein Grundstück erst mit Kies und Sand aufschütten lassen und dann den Rollrasen ausgelegt!"

„Ach so?"

Nachbar Ecke erzählte weiter, aber Mamamaus wägte im Geiste bereits den Aufwand ab, ihre runden zweieinhalbtausend Quadratmeter Rasen abzuheben, um das Grundstück mit Kies und Sand aufzufüllen...

Ihre Miene verdunkelte sich als sie sich die Antwort auf ihre selbst im Geiste gestellte Frage gab.

„Hach, das wäre ja mein größter Wunsch" schwärmte Ecke mit etwas verklärten Augen, „einmal einen lebendig fangen und ihn dann auf dem Zierrasen von diesem Berliner aussetzen!"

Nebenbei beförderte Mamamaus ein großes Bündel Knaller und Böller aus dem Heizungsschrank: „Sagen Sie mal, Sie waren Sylvester wohl nicht ausgelastet?" fragte Ecke.

„Nein, ich mache mir auch eigentlich nicht so viel aus der ganzen Knallerei. Die sind so übrig geblieben."

Schließlich war die Heizung auch wieder funktionstüchtig und ich brachte Herrn Ecke zur Tür.

„Wiedersehen, Herr Ecke!"

Wieder in der Küche sah ich Mamamaus die Tüte mit den Knallern auspacken.

„Sag mal, seit wann hast du denn so'n Zeug auf Lager? Du hast doch zu Sylvester noch nie geböllert."

„Nein, das ist ja auch so laut."

„Also willst du die gar nicht für Sylvester aufheben?"

„Nein, eigentlich nicht" meinte sie geistesabwesend und sortierte die Knaller nach der Größe.

„Wozu hebst du die Dinger dann auf?"

„Das mit der psychologischen Kriegsführung funktioniert halt nicht so wie erwartet" murmelte Mamamaus.
Diese Worte gaben dem Begriff „Rasensprengen" eine ganz neue Bedeutung...

21 Das unaussprechliche Leiden

Das Familienoberhaupt ist nach meiner Einschätzung eine eigentlich unmöglich anmutende Mischung aus sexueller Unvoreingenommenheit und gänzlich verklemmter Körperwahrnehmung, mit einem gestörten Verhältnis zu jedweder Form körperlicher Gebrechen, die mit den menschlichen Geschlechtsteilen zusammenhängen. Über die Entwicklung neuer Körperformen oder Regelschmerzen konnte ich während der Pubertät zwar wunderbar Rat bei Mamamaus suchen, aber das Familienoberhaupt macht sich aufgrund seiner erzkatholischen Erziehung bis auf den heutigen Tage bei derlei Gesprächsthemen mit unangenehm berührtem und belästigtem Gesichtsausdruck schnellstmöglich aus dem Staube. Die innerfamiliäre Lösung des Problems bestand und besteht darin, ihn eben nicht mehr zu Rate zu ziehen und in seiner Abwesenheit über ihn herzuziehen.

Daneben hat das Familienoberhaupt noch eine weitere kleine Schwäche seines ansonsten liebwerten Charakters: Er als Versicherer ist in besonderem Maße um das Wohl und die Absicherung seiner Nächsten bedacht und hilft immer wieder sehr gern mit Erläuterungen, Abwägungen und Lebenserfahrung im allgemeinen und steht überhaupt sehr engagiert mit Rat und Tat zur Seite – gern auch unaufgefordert und widerstandsresistent. Da ich das ganz große Glück hatte, eine Zeit lang im gleichen Beruf tätig zu sein wie er, kann ich also zu allen möglichen und auch unmöglichen Gelegenheiten auf die Fülle seiner immensen Berufserfahrung und seines erstaunlichen Wissens zurückgreifen. Das Familienoberhaupt ist für mich da und läßt mich auch im Krankheitsfalle nicht alleine. Wenn mich nur eine leichte Grippe dahinzuraffen im Begriff ist, ist er der einzige, der mich am ersten Krankheitstag anruft, um mich daran zu erinnern, daß die Anzahl jährlicher Krankheitstage pro Mitarbeiter insgesamt stetig sinkt während die Zahl arbeitsloser Akademiker in den vergangenen Jahren stetig stieg.

An einem verregneten Dienstag, als mich die Sehnsucht nach der liebenswertesten aller Mütter ans Telephon trieb und ich mit Mamamaus ausgiebig geplaudert hatte, ging es irgendwann daran, den Horror monatlicher Telefonrechnungen in Grenzen zu halten, weswegen wir schließlich die übliche Verabschiedungsfloskel einleiteten:

„Und wie geht's Papa?"

Normalerweise heißt es dann, es gehe ihm gut, und ich bitte, Grüße auszurichten, worauf wir in der Regel auflegen. Nicht so heute.

„Ach, der war heute nicht im Büro."

„Wie? Macht der alte Herr etwa schon wieder blau, wo doch heutzutage so viele Mittfünfziger in vorzeitigen Ruhestand versetzt werden?" Kleine Seitenhiebe müssen erlaubt sein.

„Nein, irgendwie geht's ihm wohl nicht so gut."

„Was hat er denn?"

„Das weiß ich auch nicht so genau. Ich glaube, Magen- und Darmgrippe oder so was in der Art."

„Ach, du arme kleine Mamamaus! Dann stirbt er ja wieder."

„Ja, ich Arme! Na ja, Männer – du weißt ja, wie das ist."

„Die lieben Männer! Ja, ich weiß. Na, okay, dann mach's mal gut, Mama."

„Ja, mein Schatz, du auch."

Ich sah mir den Achtuhrfilm im Fernsehen an und ging schlafen. Am nächsten Tag mußte ich wieder früh raus, eine Dienstreise stand an.

Kaum war ich wieder Zuhause angekommen, klingelte auch schon das Telephon. Es war mein Bruder, der ein wenig mit mir plaudern wollte und eine Frage zu seiner Privathaftpflichtversicherung hatte. Er hatte zwar schon im

Büro des Familienoberhauptes angerufen, aber dort war ihm vom Dämmerzustand seines Vaters berichtet worden, den er daher nicht mit Profanem in seinem Genesungsprozeß belästigen wollte.

Am Wochenende rief Mamamaus mich noch mal an, aber wir haben vor lauter Geplauder ganz vergessen, des Familienoberhauptes betrübliches Leiden eingehend zu thematisieren.

Insgeheim vermute ich schon lange, daß Wochenenden selbst dann noch schneller vergehen würden, wenn die Anzahl der Wochen- bzw. Werktage kleiner wäre als die der Wochenendtage. So fand ich mich also am Montagmorgen unter Bergen von Post und Emails, der neuzeitlichen Rache der Generation ständiger Erreichbarkeit, wieder. In der einen E-Mail bat mich ein Mitarbeiter um einen Zuschuß für eine Bürokraft, dessen Machbarkeit ich jetzt (ausnahmsweise freiwillig unter Inanspruchnahme der erwähnten, geradezu sagenhaften väterlichen Berufserfahrung) beim Büro des Familienoberhauptes erfragen wollte.

„Konservativia Versicherung Waren. Schultens. Guten Tag???" Supergabi mit der schrillsten Stimme in ganz Neufünfland war dran. Wer sich von der schockierenden, schrillen Eindringlichkeit ihrer Stimme, die Supergabi als Dienstbeflissenheit begreift, und dem furchterweckenden Tempo der Ansage nicht sogleich bis ins Mark verängstigt fühlt, der wird mit der Gelegenheit gesegnet, die unübertroffen grandioseste Sekretärin dieses Unternehmens im ganzen Bundesgebiet und, nebenbei bemerkt, einen ganz wundervollen Menschen kennenzulernen (weswegen Gabriele Schultens bei mir voller Bewunderung nur unter „Supergabi" läuft).

„Hallo Gabi!"

„Ach, du bist es. Hallo! Wie geht's dir denn?"

„Ich kann nicht klagen. Und selbst?"

„Mir auch. Weißt doch – schlechten Leuten geht's immer gut! Du willst sicher deinen Vati sprechen?"

„Ja, ist er gerade frei?"

„Nö, der ist gar nicht hier—„

„Aber, Gabimaus, dann kommst du ja endlich zum Arbeiten!"

„Ja, dat stimmt!... Äh... (kicher)... weißt ja, wie das ist. Also, der Vati hat sich die Woche krank gemeldet. Dem geht's wohl nich so gut. Mußt mal Zuhause probieren."

„Das mach ich, Gabi. Vielen Dank und bis bald."

„Ja, laß dich doch mal wieder sehen! Tschüüs."

Nun wurde ich ja doch langsam neugierig. Hatte er am Ende so die Nase voll? Hm... nun, bei anderthalb Jahren Lohnfortzahlung und Kündigungsschutz... Das Familienoberhaupt hatte schließlich schon mit dreizehn zu arbeiten begonnen, vielleicht hatte er einfach keine Lust mehr. Oder er hatte tatsächlich irgendetwas.

Mamamaus nahm den Hörer ab.

„Bärwald?"

„Hallo! Hier auch, Außenstelle Berlin. Ich bins."

„Ach, hallo! Schön, daß Du anrufst! Wie geht's dir? Was gibt's Neues?"

„Das wollte ich dich fragen. Gabi sagt, Papa hat sich krank gemeldet?"

„Ja, der ist gerade bei Dr. Kurze drüben, um sich einen Termin geben zu lassen."

„Wie, Termin? Er kommt doch sonst immer sofort dran."

„Dieses Mal braucht er aber wohl einen richtigen Termin. Die müssen ihm da wohl ′n bißchen Haut entfernen."

„Häh?"

„Na ja... das darfst du deinem Vater jetzt aber nicht sagen...
Du weißt ja, daß er da Befindlichkeiten hat. Also jedenfalls
hat er wohl Hämorrhoiden."

„Der Arme! Da tut er mir aber wirklich leid."

„Ja, also schön is das wirklich nich."

„Hämorrhoiden? Pfffttt! Mann, dat is aber unanjenehm...!"

„Hm, dat isset."

„Und das ihm – so was Intimes--"

„... Unaussprechliches! Ist er nicht zu bedauern?"

„Doch, auf jeden Fall."

„Finde ich auch."

„Na gut, Mamamaus, dann rufe ich später noch mal an und
bedauere ihn ein bißchen."

„Okay, mach's gut."

Als ich abends aus dem Büro nach Hause kam, fiel mir nach
den Achtuhrnachrichten des Familienoberhauptes akutes
Leiden wieder ein und in einer Mischung aus liebevoller
Pflichtbeflissenheit und einem Schuß diebischer
Schadenfreude wählte ich die Nummer des elterlichen
Fernsprechapparates an:

„Bärwald hier" knurrte es unerfreut über die Störung
postoperativer Erholungsphase in den Hörer.

„Hallo Papa, hier ist das Töchterlein."

„Hallo (grunz)... Das ist jetzt ganz ungünstig" nuschelte er
in einer gepreßten, den Schmerz unterdrückenden Stimme.

„Ach, du hörst dich aber gar nicht gut an! Mama sagt, du
warst bei Dr. Kurze?"

„Ja und mir geht's wirklich gar nicht gut."

„Ja, das hört man. Dann rufe ich dich einfach morgen noch
mal an, ja?"

„Das wäre bestimmt besser. Mach's gut."

Der Arme – mittlerweile tat er mir ja wirklich ziemlich leid. Das mußte wohl ganz schön wehtun.
Ich nahm mir fest vor, gleich früh am nächsten Morgen innerfamiliäre Sorge und Zuneigung zu demonstrieren.

Nachdem ich am nächsten Tag gefrühstückt hatte, griff ich auch gleich zum Hörer, um das Familienoberhaupt ein wenig aufzumuntern. Mamamaus, die Frau, die dem Familienoberhaupt in seinen Leidenstagen heldisch beigestanden hatte, hob ab:
„Ach, du bist es. Guten Morgen, mein Schatz!"
„Ist Papa noch gar nicht wach?"
„Nein, der schläft noch. Ich muß jetzt auch gleich erst mal los zum Zahnarzt."
„Zum Zahnarzt? Tut dir was weh?"
„Nein, nein, mir geht's gut... aber" und an dieser Stelle meinte ich, ein leises Schmunzeln zu vernehmen, „ich muß für deinen Vater zum Zahnarzt. Der kann doch im Moment nicht krauchen."
„Was bringt ihm denn dein Besuch bei seinem Zahnarzt, Mamamaus?" Ich wollte meiner liebsten Mamamaus, von der ich ja weiß, daß sie früh morgens noch nicht so richtig zurechnungsfähig ist, ganz zart und leise begreiflich machen, daß sie dieses Vorhaben doch noch einmal geruhsam überdenken sollte, um sich beim väterlichen Zahnarzt nicht ganz lächerlich zu machen.
„Na ja, weißt Du, dieser Arzttermin gestern muß für deinen Vater doch wohl sehr schmerzhaft gewesen sein... Also, er hat die Zähne wohl sehr zusammenbeißen müssen, wenn Du verstehst, was ich meine?"
Und als ich Mamamaus am anderen Ende irgendwie mitleidig amüsiert glucksen hörte, wurde es mir klar:

„Du meinst, er hat vor Schmerz sein Gebiß durchgebissen?!?"

„Genau und ich bringe es jetzt zum Kleben."

„(Pruusssttt!!!) Dann steht er ja erst wieder auf, wenn die Beißerchen wieder ganz sind, was?"

„Ach weißt Du, Kind – das bringt einen ja auf Ideen...!"

22 Staatstrauer

Vier Tage später bin ich wieder in Waren und finde Mamamaus im Garten.

„Hallo mein Schatz. Du hast doch zwei Kleiderschränke, nicht wahr? Ich beneide dich ja, ich muß meinen mit deinem Vater teilen."

„Und der hat mindestens 70 Oberhemden."

„Wenn´s reicht, und von den Anzügen und seinem Sockentick ganz zu schweigen. Habe ich dir erzählt, daß seit gestern bei BRUTTO Socken im Angebot sind?"

„Ach, du Arme!"

„Ja, aber eigentlich wollte ich dir ja die zwei Päckchen Mottenkugeln geben. Hier."

„Päckchen? Das sind Pakete, wie viele sind da drin?"

„Vierhundert Stück. Weißt du, kaum daß du neulich weg warst, sind die wieder in die alte Heimat umgezogen—

„Die hatten wohl die Nase voll von der doofen Egge von Dietrich."

„So könnte man sagen." Mamamaus war grummelig. „Jedenfalls habe ich die Mottenkugeln jetzt über. Die haben ihn nicht abgeschreckt."

„Den Schaufelke?"

„Hm." So ein Mist aber auch! „Ich habe jeden neuen Haufen damit bestückt und ich glaube, der steht auf Mottenkugeln, hat gleich wieder neue Haufen geworfen, das Mistvieh. Nun, du kannst sie ja gebrauchen, da hast du gleich deinen Jahresbedarf."

„Du meinst wohl Jahrzehnt..."

Aber Mamamaus war schon mit den Gedanken woanders, schnappte sich den Spaten und ging in die Werkstatt, um das Schleifgerät anzustellen. Sie setzte sich die Schutzbrille des Familienoberhauptes auf und schliff den Spaten, bis er in der Abendsonne glänzte, während ich meine Mutter ohnmächtig bei einer handwerklichen Tätigkeit beobachtete. Als ich mich wieder gesammelt hatte, fragte ich nach Verstärkung:

„Sag mal, wo ist eigentlich der Alte?"

„Oh, der kauft Terrassenstühle."

„Ich denke, er baut eine Eckbank?"

„Hat er auch. Er hat mir gestern Nachmittag ganz stolz die fertige Bank gezeigt, die er auch wirklich hübsch hinbekommen hat. Dann habe ich natürlich gleich ein bißchen Grillzeug hergerichtet, und wir haben den ganzen Abend in der neuen Sitzecke beim Grillen verbracht."

„Und wo ist die Bank jetzt?"

„Dein Vater hat sie heute Morgen wieder abgerissen."

„Häh?"

„Na ja, er hat fast ganz von selber festgestellt, daß sie zwar sehr schön war, aber eben auf die Dauer nicht so bequem, und auf verstellbaren Terrassenstühlen sitzt man doch einfach ein bißchen bequemer."

„Mamamaus!" grinste ich sie tadelnd an.

„Ja, du hast ja recht" sagte sie, aber so richtig schuldbewußt sah sie nicht aus, „aber er wollte mir schon wieder helfen..."

„Der hat aber auch wirklich gar keine Chance, was?"

„Da! Da!!!" schrie Mamamaus und stürzte von hinnen, direkt auf einen von Schaufelkes Hügeln zu. „Erwischt!!"

„In einer von den Maulwurffallen? Prima, Mama!" Lob war angebracht, schließlich war hier ein Teilsieg errungen worden.

„Ja, du Miststück, dich hab ich!" freute sie sich und hüpfte um den Hügel herum.

„Warte, ich hole ein Taschenmesser."

„Wofür?"

„Na, für die Kerbe! Und dann müssen wir gleich neue Fallen auslegen."

„Nee, nee, nicht nötig. Das weiß ich schon, die feiern jetzt
erst mal drei Tage Staatstrauer. Komm, ich packe ein paar
Sachen, wir warten auf deinen Vater und dann fahren wir
über´s Wochenende mit dem Boot raus! Guck nicht so
komisch, Kind, glaub mir, da ist jetzt erst mal Ruhe."
Nun gut, der Profi hat gesprochen. Später wird es
weitergehen.

23 Kochen wie Muttern

Es wurde ein Familiengeburtstag gefeiert, den ich zum Anlaß nahm, mal wieder in heimischen Regionen vorbeizuschauen. Mamamaus und ich saßen nebeneinander im Wintergarten und warteten darauf, daß das Familienoberhaupt zur Abreise zum neuen und ersten eigenen Haus meines Bruders aufrief, in dem heute ein bißchen gefeiert werden sollte. Trotz einer Unzahl von Wühlmurfhügeln, die durch die große Fensterfront im Wohnzimmer zu sehen war, schien sie recht entspannt zu sein.

„Na, wie geht's? Was gibt's Neues?"

„Och, geht eigentlich ganz gut."

„Und mit Papa?"

„Der war letzte Woche bißchen knatschig, weil er so erkältet war, aber nun ist er ja wieder gesund und hat draußen genug zu tun."

„Hegst du eigentlich derzeit gar keine Mordgelüste?"

„Es ist nicht zu fassen, wie fleißig Familie Grabowski mal wieder ist, nicht wahr?"

„Ja, ich habe vorhin 76 Hügel gezählt."

„Hm, ich weiß, aber das ist jetzt okay so. Ich bin da inzwischen entspannter. Manche Dinge muß man nehmen, wie sie sind."

Das hörte sich doch sehr nach Kapitulation an, doch ehe ich sie in meine tröstenden Arme ziehen konnte, wurden wir vom gestiefelten und gespornten Familienoberhaupt, das sich bis eben noch umgezogen hatte, angeherrscht: „Kann's jetzt losgehen? Seid ihr endlich fertig?"

Eine gute Stunde später – eine halbe hätte bei normaler Fahrweise genügt – kamen wir mit einiger Verspätung bei der Außenstelle der Familie Bärwald an und wurden nach kurzer Begrüßung auch gleich von meinem Bruder und seiner Frau hereingebeten: „Kommt ihr? Hier warten Kaffee und Kuchen."

„Sind unterwegs."

Ein paar Tage zuvor hatte mein Bruder mich angerufen, um mich zu Hilfsdiensten für die Überraschungsparty für seine Frau heranzuziehen. Ich fragte ihn, ob ich etwas mitbringen sollte. „Die anderen Frauen bringen alle einen Kuchen mit. Vielleicht könntest du ja auch einen back... Ach, nee, laß mal, wenn wir noch einen brauchen, sag ich kurzfristig Bescheid." Meine sagenhafte hausfrauliche Begabung als Köchin und Bäckerin war allgemein bekannt und vererbt worden. Als ich mit 20 Jahren von Zuhause auszog, stattete Mamamaus mich aus Angst, ich könnte schrecklich abmagern, mit einem kleinen, selbst geschriebenen Kochbuch aus. Dieses handgeschriebene kleine Hausaufgabenheft im DIN A 6-Format dient heute noch zur allgemeinen Belustigung meiner Freunde, die es auf Partys bei mir Zuhause gern mal hervorklauben, um beispielsweise das Rezept für Linsensuppe zu zitieren: „1 Dose Linsensuppe von Jokisch sowie 1 Paar Wiener kaufen. Inhalt der Dose in einen mittelgroßen Topf tun, zusammen mit den klein geschnittenen Würstchen, und erhitzen. Eventuell mit etwas Essig oder Maggi abschmecken."

Leider hatte meine zauberhafte Mamamaus vergessen, das Rezept für Nudeln mit Tomatensauce aus meiner Kinderzeit aufzuschreiben, aber da ich wusste, daß sie dazu immer das Saucenpulver für Tomatencremesuppe benutzte, konnte es ja nicht so schwer sein, das Gericht nachzukochen – dachte ich und kochte und kochte, jahrelang, ohne daß es je so schmeckte wie bei ihr. Irgendwann stand ich zufällig neben der Familieköchin in der Küche, als diese das klassische Kindergericht zubereitete: Sie setzte Nudeln auf und in einem zweiten Topf einen halben Liter Wasser, in das sie das Tomatensaucenpulver einrührte sowie einen halben Becher Sahne. Danach rollte sie Thüringer Mett zu kleinen Bällchen und ließ sie in die Sauce fallen, die sie nun auf die höchste Stufe einstellte, damit das Mett garte und natürlich nicht mehr umrührte, um die Bällchen nicht zu beschädigen – das Geheimnis mütterlicher Kochkunst war gelüftet: Die Sauce musste im exakt richtigen Maße anbrennen!

„Willst du denn gar kein Stück Kuchen nehmen?", fragte mich die angeheiratete Verwandtschaft.

„Doch, doch, natürlich", sagte ich und griff nach einem Stück vom gedeckten Apfelkuchen, den Mamamaus uns immer zum Geburtstag gebacken hatte. Sie war aus der Verpflichtung zum Backen nicht ganz so fix herausgekommen wie ich.

Mein Bruder nahm sich auch ein Stück, wir bedienten uns ordentlich an der Sahne und plauderten mit der Verwandtschaft.

Etwas später saß ich mit Mamamaus in einem Nachbarraum, um entspannt ein Zigarettchen zu paffen.

„Ich ziehe meinen Hut vor dir, Mamamaus, und zolle dir höchste Anerkennung dafür, daß du es trotz eines solch eklatanten Mangels an Talent fertig gebracht hast, deine Familie jahrzehntelang halbwegs abwechslungsreich zu ernähren und niemand von uns offensichtlich unter Mangelerscheinungen leidet, aber dein Apfelkuchen ist heute dennoch nur mit Sahne zu genießen."

„Dabei ist das schon der zweite" antwortete sie trocken.

„Was war denn mit dem ersten?"

„Den habe ich versehentlich mit Salz bestreut" feixte sie, „aber dann habe ihn umgedreht und das Salz wieder heruntergeschüttelt und jetzt isst ihn dein Vater."

24 Praktische Begabung

Mamamaus hatte die ausgeprägte Begabung für die praktischen Dinge des Lebens wohl von ihrem Großvater geerbt, der eines Tages beschloß, einen Brunnen in seinem Garten zu mauern und diesen auch konsequent und fleißig fertigstellte, umam Ende nach seiner Frau zu rufen und diese zu bitten, eine Leiter zu besorgen, damit er wieder rauskommen könnte. Als ich im vergangenen Jahr meine EC-Card wie im beiliegenden Schreiben von der Bank erbeten, zum Ausschluß von Mißbrauch zerschnitt, um dann beim Versuch Geld abzuheben zu bemerken, daß die Bank mir eine neue Sparcard zugesandt hatte und ich statt der alten Sparcard die neue EC-Card zerschnitten hatte, fiel mir auf, daß Mamamaus diese praktische Veranlagung weitergegeben hatte.

Das war allerdings schon lange Jahre nach dem denkwürdigen Morgen im späten Frühjahr 1986, als Mamamaus und der kleine Soldat verschlafen hatten und er drohte, wieder einmal zu spät zur Schule zu kommen, die um acht begann. Mamamaus wachte um zwanzig vor acht auf, dreht sich genüßlich noch mal um, schaute aus Interesse auf den Wecker – und sprang dann mit schreckgeweiteten Augen aus dem Bett, um ins Kinderzimmer zu stürmen, den kleinen Soldaten zu wecken und anzuziehen (sich selbst anzuziehen, dafür war keine Zeit mehr, aber sie mußte ja auch nur im Auto sitzen, Zähneputzen fiel auch aus), seinen Tornister zu schnappen und sich und den Kronsohn ins Auto zu verbringen, um damit auf dem schnellsten Wege zur zwei Kilometer entfernten Schule in den Nachbarort zu schaffen. Auf dem Weg dorthin sah sie am Ortsausgang zu spät die Polizei stehen, die sie gleich mit der Kelle herauswank. Noch ehe der Wagen zum Stehen kam, kurbelte Mamamaus das Fenster runter, warf dem Polizisten ihre Papiere entgegen, schrie: „Ich muß den Jungen zur Schule bringen, ich bin gleich zurück" und dann gab sie wieder Gas. Besondere Situationen erfordern besondere Maßnahmen. Nachdem sie den kleinen Soldaten vor dem Schulhoftor abgesetzt hatte, fuhr sie schuldbewußt zurück und hielt beim Peterwagen an, wo man schon auf sie gewartet hatte. Schlagartig wurde ihr bewußt, daß sie sich gestern Abend etwas besonders Hübsches angezogen hatte, um das Familienoberhaupt zu überraschen!

„Ja, Frau Bärwald, vielen herzlichen Dank, daß Sie uns unsere Papiere dagelassen haben!" foppte sie der Polizist. „So etwas haben wir ja auch nicht alle Tage."
„Oh, es tut mir – also es tut mir wirklich fürchterlich leid! Bitte verzeihen Sie! Mein Sohn—„Frau Bärwald, bitte steigen Sie mal aus!" Der Tonfall des Polizisten duldete keine Widerworte.
Und da stand meine eigentlich eher schüchterne, zurückhaltende, fromm und anständig erzogene, konservative Mamamaus in ihren jüngeren Jahren. Eine hübsche Frau mit hübschen Kurven da, wo sie hingehören. Im schwarzroten Spitzen-Negligée auf dem Autobahnzubringer.

Die mütterliche Begabungen erschöpften sich allerdings nicht nur in lebenspraktischen Fragen, Mamamaus verfügt auch über eine ausgeprägte Sprachbegabung und hatte auf der damaligen höheren Handelsschule zwei Jahre Englischunterricht genossen, die ihr 1965/6 sehr viel Freude bereitet hatten. Als das Familienoberhaupt drohte, zeitnah in Rente zu gehen (solche Prozesse sind ja meist abzusehen), entschloss Mamamaus sich, sich prophylaktisch Freiräume zu schaffen und, zusammen mit ihrer Freundin Pia, einen Anfängerkurs für Englisch an der nächstgelegenen Volkshochschule zu belegen und wurde dort schon in der ersten Stunde mit dem Vorschlag überrascht, eine Brieffreundschaft mit einer in den Siebzigern aus Deutschland nach den USA ausgewanderte Familie zu beginnen, E-Mail-Adresse inklusive. Auch die Erwartungshaltung war klar umrissen: In der nächsten Unterrichtseinheit hatte Mamamaus erste Erfolge zu vermelden! Unter diesem Druck wandte sie sich vertrauensvoll an mich, die ich inzwischen Englischlehrerin geworden war. Flugs verfassten wir einen einfachen kleinen Text, doch so ganz ohne Mühe wollte ich sie aus Gründen pädagogisch wertvoller Förderung mütterlicher Sprachbegabung nicht ziehen lassen und äußerte daher meine freundliche Erwartung, sie möge die Schlussformel selbst formulieren.

„Na, das ist ja einfach, das kriege ich ganz fix hin!" sprach's und schrieb:

„So. I can't get no."

Diese Formulierung erschloss sich mir nicht, also erlaubte ich mir zu fragen: „Mamamaus, was heißt das in Deiner Welt?"

„Jetzt hör aber auf! Das weiß doch jeder! Aus dem Lied, kennst Du das nicht? ‚I can't get no – that is faction' – ‚ich kann nicht mehr, das ist Fakt.'"

25 Die siebte Kerbe

„Woher hast du denn diesen Wahnsinns blauen Fleck am Handgelenk, Mamamaus?", fragte ich besorgt, denn das sah wirklich schmerzhaft aus.

„Ach, das glaubst du nicht. Ich habe mich praktisch selbst gefangen."

„Wie?"

„Ich habe doch neulich alle Wühlmurffallen eingesammelt, weil sie nichts bringen, und dabei ist eine zugeschnappt."

„Soll ich dir dafür nun ne Kerbe in den Spaten ritzen, oder nicht?"

„Nun werd aber mal nicht frech!", grinste Mamamaus mich an.

„Hast du dich denn wirklich zur Kapitulation entschlossen?" Es klingelte an der Tür und die Antwort sollte wohl verschoben werden – dachte ich.

„Herr Ecke" flötete Mamamaus, „das ist aber schön, daß sie vorbeischauen!"

„Ich hatte ja versprochen, daß ich kurz den Katalog vorbeibringe, aber ich hab eigentlich gar nicht viel Zeit."

„Ich bitte sie, kommen sie herein!" sprach's und zerrte ihn mit zauberhaftestem Lächeln am Hemdärmel ins Haus. Kurze Zeit später hatte sie Nachbar Ecke und dem Familienoberhaupt eine Tasse Kaffee übergeholfen und ihnen ein Gespräch zu irgendeinem Männerthema aufgedrängt, daß sie jetzt erwartungsgemäß eigenständig führten, so daß Mamamaus sich dem Katalog widmen konnte.

Das Familienoberhaupt sah meinen fragenden Blick: „Deine Mutter bestellt eine Selbstschußanlage."

„Wieso, was hast du ihr denn getan?" und an meine Mutter gewandt: „Willst du die Anlage denn im Schlafzimmer oder im Bad installieren?"

Nach dem allgemeinen Gekicher setzten die Männer ihr Gespräch fort und ich durfte über Mamamaus´ Schulter hinweg in den Katalog spähen, in der sich eine Anleitung zur Benutzung von Kriegsgerät fand:

„Wühlmaus-Selbstschuß-Modell W2
Beim ganz aus Stahl gefertigten Wühlmaus-Selbstschuß-
Modell W2 mit leistungsgesteuerter Munition des Kalibers 9
x 17 wird die Maus nicht durch einen mechanischen Schlag,
wie bei herkömmlichen Fallen, getötet, sondern durch den
hohen Gasdruck einer Spezialpatrone, welcher der
Wühlmaus blitzartig die Lunge zerreißt und sie somit sofort
und tierschutzgerecht tötet... Eine ausführliche
Gebrauchsanweisung liegt jedem Gerät bei.“

Zur Sicherheit hatte der Vertreiber des Katalogs direkt unter dieser Anzeige einen Hinweis klein-, äh: abgedruckt: „Nach der Bundesartenschutzverordnung gehört der Maulwurf zu den geschützten Tierarten.“

Das kluge Familienoberhaupt förderte die Harmonie in seiner nunmehr über 40 Jahre währenden, sturmerprobten, die Jahrtausendwende überdauernden Ehe, indem er noch während des Gesprächs mit Nachbar Ecke zum Telefonhörer griff und die Selbstschussanlage samt 50 Patronen bestellte.

„Hier ist die Firma Gartenglück. Willkommen in unserer Bestellhotline! Mein Name ist Sylvia Müller."

„Bärwald hier. Ich möchte gern die Wühlmaus-Selbstschußanlage mit der Bestellnummer 211605 bestellen."

„Ja, gern. Haben sie noch einen Wunsch? Patronen vielleicht?"

„Ja, selbstverständlich."

„Lieber gleich ein paar mehr? Die verbrauchen sich so schnell."

„Ja, ich nehme 50 Stück."

„Gute Wahl!"

„Das wollen wir ja wohl hoffen!"

„Todsicher! Die Ware wird innerhalb von 10 Tagen geliefert. Ich wünsche Ihnen einen schönen Tag!"

Wenige Tage später war das Schicksal der Familie Schaufelke besiegelt, da auch alle anderen Nachbarn dem Beispiel der hoffnungsvollsten Jägerin des Ortes gefolgt waren und den bundesdeutschen Binnenkonsum angekurbelt hatten.

25 ABM für Rentner

In Zeiten konjunktureller Flaute geht es bekanntlich manchem Fünfziger unerwartet an den Kragen. Zwar war das Familienoberhaupt geschickt genug, finanzielle Absicherung bis zum 62. Lebensjahr auszuhandeln, aber an einem änderte auch das nichts: Sein Chef hatte ihm mitgeteilt, daß er nicht mehr gebraucht würde.

Zwar hatte das Familienoberhaupt für den Betrieb durchaus keine Zehnjahresration Druckerpapier geordert, aber er war zum Opfer der allgemeinen konjunkturellen Talfahrt oder anders ausgedrückt: Rentner geworden, und zwar ohne jegliche finanzielle Einbußen, aber dafür von einem Tag auf den anderen. Das ursprünglich geplante Renteneintrittsdatum bzw. das Ende der Welt, wie Mamamaus sie bisher kannte, befand sich 25 Monate in der Zukunft und war ohne jegliche Vorwarnung vorverlegt worden.

Wahrscheinlich hätte man nie so weit gehen dürfen, dem Familienoberhaupt je „Pappa ante portas" von Loriot vorzuspielen, nur war dieser Fehler nicht mehr rückgängig zu machen. Über Jahrzehnte bewährtes, Fleisch gewordenes Organisationstalent, das er ist, begann er unverzüglich, seine Fähigkeiten in den Dienst der Haushaltsführung zu stellen und begrüßte Mamamaus eines Morgens im Türrahmen des heimischen Vorratsraumes stehend mit den Worten: „Was is'n hier eigentlich für 'ne Ordnung drin?" und führte im folgenden aus, warum die Kartoffeln in das zweite Regal unten links und nicht ins oberste von rechts gehören, wie sich das mit den Weinflaschen verhalte und wo der Kaffee am zweckmäßigsten zu lagern sei. Während Mamamaus ihm geflissentlich und vorsichtig blinzelnd lauschte, begann sich das typische nachsichtig wissende Lächeln eines in langen

und mühevollen Jahren emanzipierten Westweibes auf ihr
Gesicht zu zaubern. „Komm", sagte sie und nahm ihn bei
der Hand, „ich will dir gern was zeigen."

Da Neugier eine männliche Tugend ist, trabte das
Familienoberhaupt, geschmeichelt ob der frühmorgend-
lichen Zärtlichkeit, brav hinter Mamamaus her, die ihn in
den Garten zu seiner Werkstatt führte, geschmeidig ihren
Arm um seine Hüfte legte, lächelte und sagte: „ Deine
Werkstatt ist wirklich schön, seit Du sie neu gestrichen und
so ordentlich aufgeräumt hast." Dann nahm sie wieder seine
Hand, ging mit ihm zurück ins Haus, blieb vor dem
Vorratsraum stehen und sagte mit einem Lächeln: „Und das
hier ist meine Werkstatt", bevor sie ihn unvermittelt allein
zurückließ, um ins Bad zu gehen.

Am darauf folgenden Morgen wartete das geläuterte
Familienoberhaupt schon am Frühstückstisch als

Mamamaus gegen acht hinzu kam (in einer heraufziehenden Ahnung hatte sie ihm schon vor Wochen erklärt, wenn sie erst einmal Rentner wären, würde sie nicht mehr vor acht geweckt werden wollen und ihn bei Zuwiderhandlung auch nach fast 40 Ehejahren doch noch verlassen).

„Hach, mein liebstes Eheweib", säuselte das Familienoberhaupt, „das Rentnerdasein hat doch wirklich seine schönen Seiten. Es ist jetzt auch so harmonisch mit uns beiden."

„Die Ruhe ist sehr angenehm, du hast Recht."

„Weißt Du was, mein Schatz", verkündete das Familienoberhaupt überschwenglich, „ich mach´ jetzt alles wieder gut, was ich in 40 Jahren an Dir versäumt habe –"

„Ist das eine Drohung?"

Darauf gestaltete sich das neu gewonnene Rentnerdasein an diesem Tag nicht mehr ganz so harmonisch, allerdings hatte sich der Disput gegen Nachmittag offenbar in friedliches Schweigen verwandelt, denn als ich Zuhause ankam, schien alles ruhig.

Der Tag verging langsam, nach dem gemeinsamen Kaffeetrinken fuhr das Familienoberhaupt zum Sportflughafen und ich unterhielt mich mit meiner Mutter über den in der Nachbarschaft entstehenden neuen Supermarkt.

„Sag mal, wann wird der ULDI eigentlich eröffnet?"

„Übernächste Woche, glaube ich."

„Du wirst doch Deinem Stammsupermarkt nicht untreu werden? Für den ULDI bräuchtest Du ja fast kein Auto mehr, der ist ja nebenan", foppte ich meine Mutter, deren größtes Hobby und geschätzter persönlicher Freiraum das eigene Auto ist und die die morgendliche Einkaufsfahrt zum Wachwerden braucht wie andere Leute ihren Kaffee.

„Ich warte ja noch drauf, daß Dein Vater auf diese Idee kommt", grunzte Mamamaus mißmutig.

„Na, er hätte ja nicht Unrecht, wenn er meinen würde, als Rentner bräuchte man keine zwei Autos, aber da man als Rentner auch keinen Mercedes-Sportwagen mit roten Ledersitzen braucht, ist doch eigentlich klar, welcher Luxus eingespart werden könnte."

„Das ist allerdings wahr..." feixte Mamamaus mit diebischem Grinsen. „Neulich abends, als kein Wein mehr im Haus war und Dein Vater sich darüber beschwert hat, habe ich ja schon mal vorsorglich angemerkt, daß mir die vielen Flaschen zu schwer sind."

„Schick ihn doch mal zum Getränkemarkt, der Mann braucht doch jetzt Beschäftigung."

„Hm, habe ich schon geplant. Ich werde ihm unsere ganzen Nachbarn von Ecke bis Kurze aufzählen und demonstrativ davon ausgehen, daß er das ja wohl in seinem Alter noch schaffen wird..."

„Bist Du böse, kleine Mamamaus."

„Ja, nicht?" Und wieder war da dieses unvergleichlich gemeine Grinsen.

„Hat unser Familienoberhaupt eigentlich noch gar nicht seine planerischen Dienste angeboten?"

„Derer erwehre ich mich schon seit ein paar Wochen, das kannste aber wissen! Aber jetzt ist mir was eingefallen. Er will nämlich mit mir zusammen einkaufen fahren –"

„Wie? Er will mit auf Deine Aufwachtour? Das ist aber hinterhältig."

„Hm, ja. Er kann auch ruhig mitfahren: Dann werde ich nämlich das erste Mal in meinem Leben effektiv einkaufen – für den ganzen Monat! Wenn er meine Planung hinter sich hat, wird er nicht mehr mitfahren..."

27 Das Meisterstück

„Lenchen!" rief das Familienoberhaupt begeistert und zerrte Mamamaus mitten im Mittagsschläfchen vom Sofa, „ich habe eine prima Idee, wo du in Zukunft deinen Wagen abstellen kannst!" Eine Minute später standen sie vor dem Haus und er zeigte ihr, wo er eine Pergola anbringen wollte.

„Nee, mein Lieber, wenn wir die Seite auch noch überdachen, kommt man ja an keiner Seite vom Haus mehr außen vorbei."

„Ach, was, das mache ich doch durchlässig, daß man durchgehen kann."

„Ich kenne dich, das dauert nicht lange, dann steht da der Rasenmäher drin, du hast Regale für zusätzliches Werkzeug angebracht und dann kommt man hier genauso wenig mehr durch wie auf der anderen Seite, die ja auch mal durchlässig gedacht war, erinnerst du dich dunkel?"

„Ich baue da eine Pergola hin."

„Ohne mich, und ich bin auch im Grundbuch eingetragen und muß zustimmen."

„Dafür ist es zu spät, ich habe den Bauantrag schon eingereicht."

„Na, da reden wir noch drüber", grummelte Mamamaus und legte sich wieder auf ihr Sofa, um vor lauter Ärger nicht mehr einschlafen zu können, denn dummerweise saß das Familienoberhaupt für die FDP im örtlichen Bauausschuß während sie in der CDU war und mangels anderer Kandidaten stellvertretend im Tourismusausschuß war. Überhaupt hatte das Familienoberhaupt in einer Stunde eine Sitzung im Stadtrat wahrzunehmen.

... und wie das Leben manchmal so spielt, kam er stinksauer nach Hause und diskutierte mit Mamamaus bis in die Nacht darüber, warum ihn dieser Ortsverband regelmäßig so zur

Weißglut treibe. Sie hatten sich dort mal wieder über irgendein Thema stundenlang gestritten und das Familienoberhaupt war ärgerlich, weil die meisten einen Bebauungsplan nicht von einem Erschließungsplan unterscheiden konnten.

Es war Frühjahr und am übernächsten Wochenende sollten die Stadtvertreter neu gewählt werden und einen Bürgermeisterkandidaten bestimmen. Nachdem das Familienoberhaupt sich vor lauter Wut wieder einmal die ganze Nacht um die Ohren geschlagen hatte, verkündete er am nächsten Morgen, er wolle den Ratschlag seiner lieben Frau annehmen und in die CDU eintreten. Also nutzte er die folgenden Tage, um seinen liebwerten Kollegen von der FDP den Bettel vor die Füße zu werfen, sprich zu erklären, er würde zur nächsten Wahl nicht mehr zur Verfügung stehen. Nachdem dies zu Ende gebracht war, freute sich das verrentete, entmachtete Familienoberhaupt in finaler Isolation von seiner Sekretärin angesichts der bereits erwähnten neuen ehelichen Harmonie auf die gemeinsame politische Arbeit mit seiner Frau und die Möglichkeit, seine Fähigkeiten als Führungspersönlichkeit dort voll nobler Gesinnung ehrenamtlich einbringen zu können.

Eine Woche später nahm Mamamaus das Familienoberhaupt anläßlich der Wahl und zeitgleicher CDU-Sitzung unter allgemeinem Klatschen als neues Parteimitglied auf und wurde anschließend zur Fraktionsvorsitzenden gewählt.

In ihrer Eigenschaft als Chefin des Familienoberhauptes – äh: ..des örtlichen CDU-Verbandes wurde sie sogleich zur Kandidatin für das Bürgermeisteramt aufgestellt. Zwar rechnete sich Mamamaus als Hinzugezogene keine echten Gewinnchancen gegen den derzeitigen (und einheimischen) Bürgermeister Katenbrink aus, aber sie war doch sehr geschmeichelt, daß man sie vorgeschlagen hatte, die Hausfrau aus dem Westen.

„Mensch, Du kandidierst ja doch!" rief Pia euphorisch.

„Das find´ ich richtig klasse!" meinte Sieglinde.

Die beiden Frauen aus Mamamaus Volkshochschulklasse für Englisch waren gleich nach ihrer Einkaufstour gegen halb elf bei uns vorbeigefahren, um mit ihrer Freundin den Wahlkampf zu planen.

Pias Bilder und Zeichnungen hängen in den örtlichen Restaurants und Cafés aus und Sieglinde ist ein As auf dem Computer.

„Ich hab schon Dein Wahlplakat vor Augen —"

„Ihr Konterfei, so mit Augenzwinkern, und darunter der Slogan Frauen machen's besser!" fiel Sieglinde Pia ins Wort.

So wurde es erst einmal beratschlagt, wie man den Wahlkampf managen wollte, und dann vertagten die Damen sich auf die kommende Woche, um bis dahin schon erste Vorarbeiten zu leisten.

In der Woche darauf schneite Pia mit erhobenem Arm und der Zeitung wedelnd noch atemloser ins Haus als in der Woche zuvor:

„Lenchen, hast Du schon gehört, was dieser Katenbrink sich wieder geleistet hat?

Der war doch letztens in unserer Partnerstadt bei Oldenburg zu Besuch bei diesem feinen Pinkel von Westbürgermeister. Weißt? Der mit der Kaffeemaschinenfabrik?"

„Ja, wieso? Ich habe die Zeitung noch nicht gelesen."

„Hör zu, steht alles hier drin:

Bürgermeister Katenbrink verständigte sich mit seinem Kollegen, einen Kaffeeautomaten für das Amtsgebäude zu erwerben, dessen Anschaffungskosten sich auf 7.823,99 EURO belaufen und damit den gesamten Jahresetat der Stadt ausschöpfen.

Wovon die Stadtreinigung, der öffentliche Zuschuß zum städtischen Kindergarten und die Weihnachtsfeier im Seniorenheim zu bezahlen sind, wird zu klären sein – und so geht das weiter!"

„Das kann doch wohl nicht wahr sein! Das ist typisch, da hat der sich von dem Wessi umschwänzeln lassen –"

„—und kam da nicht mehr raus, Lenchen! Was Besseres konnte Dir gar nicht passieren."

Um der langen Rede einen kurzen Sinn zu geben:

Bürgermeister Katenbrink hatte sich disqualifiziert. Mamamaus wurde mit überwältigender Mehrheit zur Bürgermeisterin gewählt.

Außerdem saß Mamamaus im Haupt- und Finanzausschuß, gab den Tourismusausschuß auf und hatte schließlich auch ihren Sitz im Bauausschuß, wo das Familienoberhaupt ihr Stellvertreter wurde.

Im übrigen erhielt das Familienoberhaupt kürzlich endlich Antwort auf seinen Bauantrag: Abgelehnt.

Nachdem Mamamaus schon vor ein paar Jahren aus tiefstem Herzen und ebenso tiefer Liebe zur Wahlheimat beschlossen hatte, nach mehreren Umzügen in ihrem Leben nun an Ort und Stelle zu bleiben, leben, sterben und auch irgendwann in Mecklenburg begraben werden zu wollen, hatte Schaufelke sich entschieden, nach einem friedlicheren Ort Ausschau zu halten.

Ende gut, alles gut.

Glossar

Antifaschistischer Schutzwall	Die Mauer im DDR-Politjargon
Ave, Maria, gratia plena	Gegrüßet seist Du, Maria, voll der Gnaden; katholisches Gebet
Brigadeausflug	Betriebsausflug (DDR)
Broiler	Ein gegrilltes Hähnchen (DDR)
Broilerbar	DDR-Imbissstube, in der gegrillte Hähnchen serviert werden
Dederon	DeDeRon – die DDR-Variante von Perlon oder Nylon
Diaspora	Gebiete, in denen religiöse (katholische) Minderheiten zerstreut leben
Drakonische Strafen	Sehr strenge und harte Strafen; geht zurück auf den altgriechischen Juristen Drakon, der

um 600 v. Chr. sehr
strenge Gesetze in
Athen festhielt

Flimmerstunde

DDR-Fernsehsendung
für Kinder auf DDR 1

Freilauf

Im Trabant im 4. Gang,
im Wartburg in allen
Gängen. Bezeichnet die
Eigenschaft, bei
Wegnahme von Gas
ohne Motorbrems-
wirkung auszurollen

GAU

Größter Anzuneh-
mender Unfall, bezei-
chnet eine Atom-
Katastrophe

Intershop

Exklusive, sehr gut
sortierte DDR-Super-
marktkette, in der nur
mit West-Mark bezahlt
werden konnte und in
denen deshalb vielen
DDR-Einwohnern der
Einkauf verwehrt blieb

Kader

Personalabteilung
oder Führungsebene
(DDR)

Kapitalistisches Feindesland	So wurden westliche Länder, insbesondere die BRD und die USA, von der DDR-Regierung bezeichnet
Kollektiv	DDR-Ausdruck für „Team"
Konsum	DDR-Supermarktkette, die einzige, die es bis in die 80er hinein übrigens auch vereinzelt im westlichen Zonenrandgebiet gab
Kosmopolit	Weltmann
Krauts	So wurden die Deutschen während des Zweiten Weltkrieges und danach von den Alliierten, besonders den Amerikanern, bezeichnet; leitet sich von „Sauerkraut" ab
Lolek und Bolek	DDR-Zeichentrickserie, in Polen entstanden, um die beiden Brüder Lolek und Bolek

Neufünfland	Umgangssprachlicher Ausdruck für die fünf neuen Bundesländer
Orientierungsstufe	Die fünfte und sechste Klasse von Gesamtschulen, die zur Orientierung und Entscheidungsfindung für die Leistungsfähigkeit eines Schülers dienen sollen (BRD)
Peterwagen	Polizeiwagen (BRD)
Pfannkuchen	Vor allem im Westen Deutschlands „Berliner" genannt, im Osten versteht man darunter meist einen im Westen als solchen bezeichneten Eierkuchen, ähnlich einem Crêpe
Schwalbe	DDR-Mischung aus Motorroller und Moped mit 50 ccm Hubraum
Sudel-Ede	Moderator der abendlichen DDR-Fernsehsendung „Der schwarze Kanal", wegen seiner politischen

	Äußerungen, die stark zwischen Ost und West polarisierten, sehr umstritten
Territorium	Für Wessis etwas militärisch anmutende, umgangssprachliche Ostbezeichnung für „Region" oder „Landschaft"
Wartburg	Im Gegensatz zum Standardkraftfahrzeug „Trabant" gehobene Fahrzeugklasse mit sog. Freilauf in allen Gängen (im Trabbi nur im 4. Gang). Ebenfalls ausgestattet mit einem Zweitaktmotor
Zonenrandgebiet	Ein etwa 50 Kilometer breites Gebiet am östlichen Rand der ehem. Bundesrepublik Deutschland entlang der Innerdeutschen Grenze sowie der Ostseeküste von Schleswig-Holstein und der Staatsgrenze zu Tschechien